台灣心理學會 教育心理學組 ◆ 合著

我可以
學得更好

學習診斷與輔導手冊

（高年級版）

作者簡介

柯華葳（第一篇導論）

　　學歷：美國華盛頓大學教育心理學博士

　　現職：國立中央大學學習與教學研究所教授

簡馨瑩（單元一）

　　學歷：國立臺灣師範大學教育心理與輔導所博士

　　現職：國立台東大學幼兒教育學系助理教授

劉佩雲（單元二）

　　學歷：國立政治大學教育學博士

　　現職：國立東華大學課程設計與潛能開發學系副教授

方金雅（單元三）

　　學歷：國立高雄師範大學教育研究所博士

　　現職：國立高雄師範大學師資培育中心副教授

柯志恩（單元四）

　　學歷：美國南加州大學教育心理哲學博士

　　現職：淡江大學教育心理與諮商研究所教授兼學務長

陳鳳如（單元五）

　　學歷：國立臺灣師範大學教育心理與輔導所博士

　　現職：逢甲大學師資培育中心副教授

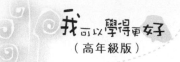

吳昭容（第二篇導論、單元七）
　　學歷：國立臺灣大學心理學博士
　　現職：國立臺灣師範大學教育心理與輔導學系副教授

陳萩卿（單元六）
　　學歷：國立臺灣師範大學教育心理與輔導所博士

張景媛（單元六、單元十）
　　學歷：國立臺灣師範大學教育心理與輔導所博士
　　現職：慈濟大學教育研究所教授

吳信輝（單元八）
　　學歷：美國威斯康辛大學教育心理學博士候選人
　　現職：亞洲大學心理學系講師

李麗君（第三篇導論、單元九）
　　學歷：美國南加州大學教育心理哲學博士
　　現職：淡江大學教育心理與諮商研究所副教授兼所長

（依篇單元排序）

張　序

　　《我可以學得更好》已經出版過低年級版、中年級版，本書是第三本——高年級版。初期聽到張景媛教授分享出書緣由時，便高度認同目前教學現場老師亟需能結合理論與實務的指引手冊，用以診斷學童的學習困難並提供相對應的學習輔導策略。原先我也躍躍欲試，想分享多年來從事相關研究的心得和體會，然而，受限於行政工作繁忙，僅心動卻遲未行動。慚愧之餘，在受邀撰寫高年級版的序言時，便視為提供懺悔與彌補的機會，立即答應樂意為之。

　　仔細閱讀高年級版，全書分成三篇探討「語文學習」、「數學學習」和「學習行為輔導」三大主題。第一篇語文學習，是以閱讀和寫作為兩大主軸。以閱讀而言，高年級學童表現較感困擾的，主要是閱讀理解的高層次能力，包括文章段落的大意摘要、推論理解，以及後設認知。然而，閱讀並不侷限於國語領域，自然與科技領域也涉及科學性文章的閱讀理解，以往這方面頗受忽視，很高興能在這本書中獲得重視。此外，一般教師可能對於寫作策略較不陌生，但對於如何增進寫作的後設認知，卻是丈二金剛摸不著頭腦，因為罕見於市面出版的書籍或學術研究，而這正是本書的另一特色。

　　第二篇數學學習，主要分析和探討高年級學童較感困擾的整數數量關係、分數概念與運算、小數概念與運算。第三篇學習行為輔導，一方面分析國小高年級學童表現普遍不如中年級的學習動機；學習成績低落，有可能是沒學會該科的知識和技能，但也可能是動機低落放棄學習所導致。另一方面探討從實踐中建構知識和培養品德的體驗性活動。體驗性活動是重要的學習途徑，但因涉及事前的規劃準備和事後的省思評量，難度並不小於語文的閱讀理解或數學的概念與運算。這也是本書的另一特色。

　　這本書的撰寫體例，脫離一般的學術論文寫作，具有實用、簡要、舉例清晰、提供額外練習等特色。先是透過個案敘述，來呈現學習的困擾；其次，綜合分析診斷造成困擾的可能原因或需求；然後，針對每一個可能原因或問題，提出多元可行的學習輔導策略；有的策略還提供額外練習以求精熟。整個歷程符合動態性評量的特點，適用於個別化學習診斷和補救教學，實為不可多得的教師好幫手。

張新仁

2008 年 1 月 25 日於

國立高雄師範大學教育系

程 序

　　將教育心理學的理論與研究發現轉化成實務應用，一直是教育界非常欠缺的一環。很高興見到《我可以學得更好》這本書的出版，因為這本書嘗試著將理論觀點與研究結果轉化成實務應用，做學術研究與實務應用的連結橋梁，是值得向中小學教師與家長推薦的一本好書。

　　《我可以學得更好》這本書撰寫的目的是希望提供中小學教師與家長一些學習輔導的方法，當孩子在學習中遇到問題時，能在老師或家長的協助下，突破學習的困境。本書共包含語文學習、數學學習與學習行為輔導三篇。語文學習篇著重在閱讀理解與寫作技巧；數學學習篇介紹整數、分數、小數的概念與運算；學習行為輔導篇包括學習動機輔導及體驗活動。每篇文章都深入淺出，將理論與研究發現連結到實際應用。特別的是，這本書讓學習輔導不只侷限在認知與技能層面上，還能兼顧到情意層面的輔導策略。

　　《我可以學得更好》這本書是柯華葳教授及張景媛教授邀請國內多位學有專精的教授與中小學教學經驗豐富的教師，累積多年的研究與教學經驗後，將學習／教學理論及實徵研究結果，以深入淺出的方式，配合實例加以說明，希望讓第一線的中小學教師或家長能從實例中獲得啟發，進而產生更多有意義的、創新的學習輔導策略。

　　很期待這本書的出版，同時也希望能有更多教育界的夥伴一起來研發創新有效的教學與學習輔導策略，讓中小學生的學習可以更輕鬆、更有效率。

程炳林

成大教研所所長

國立成功大學教育研究所所長

目錄

第一篇

語 文 篇

導論

柯華葳

　　《我可以學得更好》低年級和中年級版本在閱讀和語文學習方面曾介紹了字、詞、故事體等方面的學習策略。高年級版本的重點則放在閱讀說明文以及後設認知的培養，也包括寫作在內。

一、說明文文體與理解

　　就如閱讀故事有故事體，說明文也有文體，掌握文體有助於理解。文體指的是文字訊息的結構，也就是文中概念的組織方式（Cook & Mayer, 1988；請參閱柯華葳、陳冠銘，2004），或是中文所說的「章法」，文章的邏輯和條理，其中包括秩序、變化、連貫和統一（陳滿銘，2001）。不同章法有不同寫作上的變化和閱讀上的要求。秩序、變化和連貫的重點在個別材料的佈置；統一則著眼主旨或綱領以貫穿全篇。關於秩序、變化和連貫，進一步解釋如下：

1. 秩序包括將材料依時間、空間或事理的順序加以安排，如今昔、遠近、內外、大小、因果、賓主、正反等。
2. 變化是改變材料的順序，如「反、正、反」「正、反、正」等。
3. 連貫指材料的銜接語呼應。

　　掌握章法，掌握文章的秩序、變化、連貫和統一。在英文文獻中將說明文的章法大致分為下列五種，且以關鍵語詞來表達（林清山譯，1997）：

1. 概括
   (1)文章有一主要意念。
   (2)關鍵詞如：定義、原則、定律等。
2. 列舉

⑴一個接一個列舉事實。

　⑵用數字標明，或以段落說明。

3.序列

　⑴一連串事件或是步驟。

　⑵關鍵詞如：第一步是、階段、其次是……等。

4.分類

　⑴聚合、分離、等級、類別。

　⑵關鍵詞如：被分為、按組別是、有兩種類型……。

5.比較／對照

　⑴檢驗兩件或以上事件間的關係。

　⑵關鍵詞如：與……比較起來，……之間的差異……。

　　當讀者讀到這一些關鍵語詞，會預期接下來要讀的是什麼。例如讀到文章中有「例如」，讀者預期作者接著是給例子說明。若文章說，「有三個重點」，讀者會心裡有「數」的去找第一個重點、第二個重點和第三個重點。研究指出文章結構的訓練可以幫助讀者掌握重點（柯華葳、陳冠銘，2004）。基於高年級已進入透過閱讀學習新知的階段，我們特別提出說明文結構，幫助學生掌握說明文，包括科學文章的閱讀。

二、後設認知

　　後設認知是我們對自己一切認知活動，包括認知歷程及認知成果的認識（Flavell, 1976: 232）。有了這個對自己認知歷程的認識，當我們吸取外界知識時，因著對自己已知、長處、短處及需求與興趣有一個衡量，我們可以判斷要讀懂一篇文章要用多少時間和多少力氣。若我們決定去學習一項自己不是很清楚的事物，我們會想「該怎麼學？」「用什麼方法學對自己會是最有效的？」這都是後設認知的工作。以更簡單的話來說，當我們知道自己不知道，並開始想方法使自己知道

或是決定放棄，不想多增加知識；或是依自己的需要挑部分知識來學，都是後設認知的工作。在閱讀中，我們將後設認知視為監督理解的能力。例如，讀者覺知到有妨礙理解的事件發生，其中包括字的不理解，或是讀了幾句後，發現連貫不起來；有時讀完全文發現與題目配合不來，這都是後設認知在發揮作用。

研究很清楚地指出，年紀較小及閱讀能力較差的讀者在閱讀時以讀字為主，較不察覺自己是否有讀錯、讀不清楚的地方。例如，有學童讀漏了一行字仍繼續讀，似乎未察覺到有什麼不妥。但是隨著年級增加，學生必須有監督自己理解的能力，因此我們將後設認知放到高年級來說明，希望高年級學生都能培養出這在學習上最重要的能力。當學生養成自問習慣如：「前面不是說到有三個重點，為什麼我只讀到兩點？」「我想我得再讀一下第一段，看看它的主旨是什麼？」「這作者到底在說什麼？」等後設認知，才不會在讀過文章後，腦中只剩下聲音，在理解上則是「船過水無痕」。

基於閱讀和寫作的互補互利，透過閱讀，讀者有足夠知識，容易寫出東西，而透過寫作，可以進一步整理知識，澄清與表達自己的看法。此外，寫作需要認識寫作的對象與目的，也就是心中要有「讀者」，並清楚為何而寫，這也是後設認知。在簡馨瑩、劉佩雲和方金雅老師介紹閱讀有關策略後，柯志恩和陳鳳如老師的兩篇即在提醒如何幫助學生更確切學習後設認知以及寫作思考過程中的重點。

希望這本書對大孩子學習閱讀和寫作有幫助。

參考文獻

林清山（譯）（1997）。R. E. Mayer著。**教育心理學——認知取向**
（Educational psychology: A cognitive approach）。台北市：遠流出
版公司。

柯華葳、陳冠銘（2004）。文章結構標示與閱讀理解——以低年級學
生為例。**教育心理學報，36**（2），185-200。

陳滿銘（2001）。章法教學與思考訓練。**人文及社會科學教學通訊，
12**（4），28-50。

Flavell, J. (1976). *Cognitive development*. NJ: Prentice-Hall.

單元一

說明文的摘要

簡馨瑩

個案

當雯雯遇到愛說道理的課文

開學了，新教室、新老師，還有新同學、新課本。

雯雯隨手拿起剛剛發下來的社會課本，「哇塞！真有夠猛多的字！又是一堆要 K 的東西，有夠機車的。」雯雯抱怨著說。

老師看到面目清秀的雯雯瞄了幾頁社會課本後，「哇，什麼民主的意義！」就一副無精打采地趴在桌上，嘴翹得高高的，開始玩弄隔壁同學的水壺；老師發現到班上有四、五位孩子跟雯雯的反應是一樣的。尤其是遇到課文在說明事件或現象的原因、原理和規則時，像雯雯一讀到這類型的文章，就頓時覺得課文的每一句話都是重點，每一句話都要畫線，那麼每一句話都要背。天啊，要「背」這麼多，真麻煩，結果是「敬而遠之」，與書本漸行漸遠。

綜合問題診斷

老師看著雯雯的作業，心想：雯雯熟悉故事體。

🪰 該如何拉近雯雯對說明文的理解？

🪰 如何幫助雯雯進入強調「因果邏輯關係」的說明文呢？

老師在確認雯雯可以掌握文章文字表面的意義後，進一步診斷下列問題，來幫助雯雯能夠順利地擷取文章的重點：

🪰 判別文章的主要概念。

🪰 辨識說明文體的結構。

🪰 用自己的話說出或寫出文章摘要。

問題分析 1- 1：判別文章主要概念的問題

　　第二節下課，老師拿出一篇有關動物自我保護的科學性文章，題名叫「若隱若現，似真似幻——談兩棲、爬蟲類的防禦策略」的短文，請雯雯讀完一遍。

　　老師問雯雯說：「第二段在說什麼？」老師看到雯雯從段落的開頭第一個字開始唸。

　　唸完後，老師說：「雯雯，可不可以說重點呢？用一句話說說看！」

　　雯雯伸出食指，在段落的字裡行間緩緩地上下移動，遲遲沒有回應老師的要求。此時老師提示雯雯說：「有沒有找到重要的一句話呢？」雯雯一副無辜的表情看著老師。

　　老師陪著雯雯把第二段連「標題」一起讀一次後，老師再問一次：「有沒有找到重要的一句話呢？」雯雯用手指出標題的地方：工具的使用是天賦獸權。

　　老師接著問：「嗯，很好！接下來，我們來找重要的關鍵字詞。」

　　雯雯的眼睛回到文章的段落裡，唸出較難、不懂的「新詞」。老師發現雯雯是在圈新詞，不是在找關鍵詞啊！

策略 1-1　抓重點

　　一般學生在處理文章的摘要時，很容易忽略了文章的題目以及段落的標題，也分辨不出什麼是重要的語句，或關鍵詞，經常誤以為重要的關鍵詞語就是艱澀難懂的語詞或新詞。因此，在釐清雯雯的問題後，老師可依照學生當時的反應及文章材料的性質，提醒學生閱讀文

章時要注意下列事項：

　　1. 瀏覽段落的**標題**。

　　2. 找出**與文章標題有關**的重要語詞。

　　老師為了提醒雯雯閱讀文章時，別忘了兩件重要的事情，在圓扇子的兩面寫上：

　　1. 看標題！

　　2. 找關係！

　　雯雯一邊看書一邊提醒自己閱讀文章時，

　　第一是別忘了要「看標題」，

　　第二是找出或畫出與標題有關的詞句。

看標題！　　找關係！

若隱若現，似真似幻──
談兩棲、爬蟲類的防禦策略

大自然孕育萬物，讓眾生得以生存其間，但大自然裡也處處危機，險象叢生，如何自保，化險為夷，便成了萬物必修之課題。為了在天敵環伺的環境中求生存，並繼續繁衍後代，現存的兩棲、爬蟲動物發展出了許多自保的方法：

隱身術

「偽裝」就是一個令敵人無法察覺、發現的好方法。許多兩棲、爬蟲動物具有與其生活環境幾乎融合為一的體色或花紋，有些種類則連體型都發展的與環境相似，更甚者，為了配合棲息背景之轉變而改變體色以達隱藏己身之效。例如許多種類的樹蛙皆成綠色以與棲生樹葉顏色混合；而加蓬蝮蛇身上的斑紋能使其在枯葉中不易被發覺；藤蛇不動時，其軀幹就如同樹枝一樣，牠甚至會隨風擺動身體及頸部，猶如被風吹而晃動的樹枝般；至於能隨環境而改變顏色的，大家一定會想到變色龍，當然，除了變色龍外，許多蛙類和蜥蜴均有此功夫。另外許多生長在沙漠的爬蟲動物都能將自己埋在沙裡以躲避敵害，亦可防晒；而鱷魚在水中則通常只露出眼睛和鼻孔，身體其他部分則隱藏在水中，如此則不易被發現。

障眼法

如同哺乳動物裡的斑馬一樣，許多兩棲爬蟲動物身上的紋路呈條狀或棒狀，當動物移動時，會使捕食者的視覺判斷產生迷惑而得以逃生。又如無尾目的蝌蚪常聚集活動，亦有混亂天敵視覺之作用。此外，某些蜥蜴和珊瑚蛇的尾巴長的像其頭部，當危機出現時，可以將敵人的注意力由最致命處引向他處，使傷害降至最低程度。

引人側目

許多兩棲類可以從皮膚上分泌毒液，只要捕食者一吃進這些毒素，馬上會被麻痺，或嘔吐，甚至死亡。然而有些動物在毒死敵人的同時也被自己毒死，賠上自己的性命，毒死敵人可以說是於事無補，因此他們更進一步的在身上長出鮮豔的色彩，或強烈對比的花紋，牠們不但不躲起來，反而要使天敵注意到這些特徵以收嚇阻之效，箭毒蛙便是其中之代表。

爬蟲動物中，有毒的兩種蜥蜴也有著鮮豔且顏色對比強烈的體表；而毒蛇也多具有這些特徵，尤其惡名昭彰的該屬眼鏡蛇及響尾蛇了，前者在受干擾時除了挺起前段身體，並把頸子撐平，露出頸背明顯的圖案外，更不時的發出嘶嘶聲；而後者則會高舉尾巴，並不斷顫抖以發出駭人的聲響，其目的皆在明顯的告知入侵者不要輕舉妄動。

模仿秀

某些無毒的動物具有和某種有毒動物類似的外觀或行為以自保，雖然這種生物界稱之為「擬態」的實際機制如何尚有爭論，但不可否認的是這些「模仿者」確實因此獲利（至少是避禍）不少。例如許多人常將無毒的青蛇誤認為有毒的青竹絲；錯把白梅花蛇看作雨傘節……等。
……

資料來源：陳憶民（1997：20-23）。

---

1. 標題可說是文章主旨的代言喔！

2. 找出或畫出與隱身術有關的語詞。例如：偽裝、隱藏、躲避等字眼。

3. 與標題相關語詞串連成一句話。例如：兩棲爬蟲動物保護自己的方法有隱身術、障眼法、引人側目、模仿秀等。你可以再換句話說說看：
_____
_____
_____
_____
_____

4. 別忘了多瞧瞧文章中的特殊字體或色字喔！

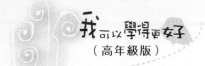

問題分析 1-2：辨識説明文體結構的問題

　　雯雯常常覺得課文裡的「每一句話都是重點，每一句話都要畫線」，表示雯雯不知道文章中所提供較細節的訊息或較分化的訊息，彼此的連結關係。此時，可以藉由提供一些標示語，包括關聯詞，促進學生辨識文章的概念結構與組織。尤其在缺乏閱讀説明文的經驗時，協助雯雯找出文章中的標示語，應用結構圖示，組織重要訊息，來理解文章的意義。

　　釐清雯雯的問題後，老師採取下列指導策略：

1. 找出文章的標示語。
2. 用標示語說明句子與句子的關係。

策略 1-2-1　辨識標示語

　　有關標示語的類別，有些複雜，請先讀例句，再看看第一欄的類別。

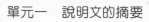

句子與句子的關係	標示語	例句
並列㈠	第一、第二、先……接著、先……然後、後來、先……再。	台灣是孔廟建造數最多的地區，**接著**是中國大陸，**然後**是日本。
並列㈡ ——列舉／定義／選擇	不但……而且……／有、特徵是、性質是、所謂、屬性是……／還是、或是。	台南的孔廟是古蹟，五妃廟**也**是古蹟。（列舉）
因果	因為、由於、因此、而造成、起因於、導致、根據、因為……所以、如果……就、既然、既然……就。	台南的五妃廟是古蹟，**因此**孔廟也是古蹟。（列舉）
轉折／比較	比、比較、一樣、同樣的、相反的、不是……而是……、另一方面、雖然。 可是、雖然……還是……、雖然……但是……、否則。	台南的孔廟是古蹟，**同樣的**五妃廟也是古蹟。 **雖然**台南的孔廟是古蹟，**但是**台中的孔廟**不是**古蹟。

◎選詞填寫：把適當的語詞填入（　　　）裡。

因為　　　還是　　　如果……就

一方面……一方面　　　由於　　　既……又

1.不管是平民（　　　）大官，只要犯錯，就要接受法律的制裁。

2.晒傷是（　　　）陽光中的紫外線所引起的。

3.中國大陸的西北部，（　　　）地形及距離海洋較遠的關係，造成雨量少、溫差大，而形成乾燥氣候。

4.寫文章時，（　　　）能夠善用感官，具體刻畫心理語言、情境、動態，（　　　）可以使文字煥發生氣活力。

5.行道樹（　　　）可以淨化空氣，（　　　）可以美化環境。

6.母親節那天全家一起（　　　）逛了街，（　　　）吃了大餐。

答案：

1.還是；2.由於；3.因為；4.如果……就；5.一方面……一方面；6.既……又

策略 1-2-2 判斷句子與句子的關係

句子與句子的關係，簡要地可分為「並列、因果與轉折」三種關係。

1. 並列關係

蕃茄**既**是水果，**又**是蔬菜。

我們**先**吃了水果，**再**吃大餐。

端午節那一天，我們**先**划船，**然後**吃粽子。

端午節那一天，我們**不但**划了船，**而且**吃了五個粽子。

2. 因果關係

因為星期六學校舉辦運動會，**所以**星期一補假。

既然星期六學校舉辦運動會，星期一**就**補假。

如果星期六學校舉辦運動會，星期一**就**補假。

3. 轉折關係

這套遊戲軟體很貴，**可是**我買了。

雖然這套遊戲軟體很貴，我**還是**買了。

雖然這套遊戲軟體很貴，**但是**我買了。

雖然這套遊戲軟體很貴，**但**我**還是**買了。

這套遊戲軟體很貴，**要不是**當時沒帶錢，**否則**我就買了。

✏️ **練習 1-2-2　找出文章段落的標示語**

◎ 請在一邊讀文章時，一邊畫出標示語，更優秀的作法是畫出它們的關係。

範　例

◆吸收資訊的方式，可以多多上網，<u>或是</u>上圖書館找資料。

練習題

1. 伊索寓言是一本世界文學名著，被稱為西方寓言的始祖。它的文句簡明有趣，不僅能使讀者會心一笑，還能從中獲得生活的經驗和人生哲理的啟示，是一本值得閱讀的好書。

2. 堯、舜時期由於洪水氾濫，危害到人民的生命和財產，舜便派禹治水。禹用疏通的方法：先挖掘水道，再將平地的水引到水道裡，最後讓水順著水道流進大海，解決了洪水的問題。

3. 中醫診病的方法，先從觀察病人的體態、臉色及表情；嗅聞病人的氣味；詢問病人的感覺；再查驗病人的脈搏的跳動，來判斷病人的病情。

4. 古代歐洲的皇家城堡，占地廣闊，建築樣式非常考究，裝潢得十分豪華，一方面作為皇室居家辦公之用，另一方面更有誇耀國力的功能。

5. 一般說來，「毒蛇」的頭比較大，呈三角形，頸部細小，尾短，身上的花紋比較有變化，顏色也鮮豔許多；相反的，「無毒蛇」的頭比較小，並且成橢圓形，尾部較長，身上的花紋較呆板，顏色也較暗淡。「毒蛇」的口中有一對特別長，並且特別尖銳的毒牙，因此，被毒蛇咬傷的皮膚上，會留下痕跡；而「無毒蛇」口中並沒有特別突出的一對毒牙，因此在被咬傷的部位，只有兩行牙痕。

6. 血管是血液運送到全身的通道，我們為了保持它的暢通，要常做運動，因為運動時心跳加速，血液運送的速度加快，可以維持血管的清潔，增進它的健康。

策略 1-2-3 文章結構的圖示化

‧認識文章的結構

　　說明文體的結構，大致可分為「描述／定義／列舉」、「時間或步驟序列」、「比較／轉折」、「因果」與「問題解決」等五種結構。建議一邊看一邊找出與文章類型有關的標示語。標示語可以幫助我們判斷文章的結構，讓我們更精準地掌握文章的意義。

並列

範例

　　伊索寓言<u>是</u>一本世界文學名著，被稱為西方寓言的始祖。它的文句簡明有趣，<u>不僅</u>能使讀者會心一笑，<u>還能</u>從中獲得生活的經驗和人生哲理的啟示，是一本值得閱讀的好書。

範例

　　古代歐洲的皇家城堡，占地廣闊，建築樣式非常考究，裝潢得十分豪華，<u>一方面</u>作為皇室居家辦公之用，<u>另一方面</u>更有誇耀國力的功能。

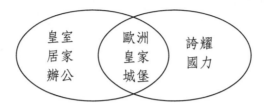

🌹 並列──時間或步驟序列

範例

堯、舜時期<u>由於</u>洪水氾濫，危害到人民的生命和財產，舜便派禹治水。禹用疏通的方法：<u>先</u>挖掘水道，<u>再</u>將平地的水引到水道裡，<u>最後</u>讓水順著水道流進大海，解決了洪水的問題。

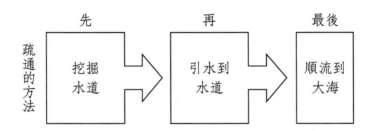

範例

中醫診病的方法，<u>先</u>從觀察病人的體態、臉色及表情；嗅聞病人的氣味；詢問病人的感覺；<u>再</u>查驗病人的脈搏的跳動，來判斷病人的病情。

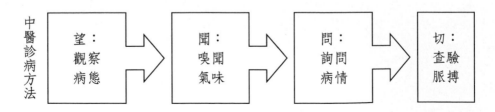

✿因果

範例

　　血管是血液運送到全身的通道，我們<u>為了</u>保持它的暢通，要常做運動，<u>因為</u>運動時心跳加速，血液運送的速度加快，可以維持血管的清潔，增進它的健康。

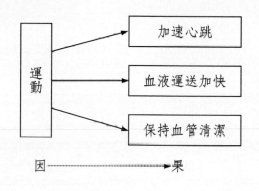

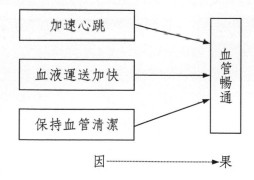

✿轉折／比較

範例

　　一般說來，「<u>毒蛇</u>」的頭比較大，呈三角形，頸部細小，尾短，身上的花紋較有變化，顏色也鮮豔許多；<u>相反的</u>，「<u>無毒蛇</u>」的頭較小，並且成橢圓形，尾部較長，身上的花紋較呆板，顏色也較暗淡。

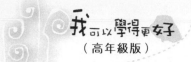

第一步驟：判別文章段落的結構——在分辨、比較「有毒蛇」與「無毒蛇」外觀體型的差異。

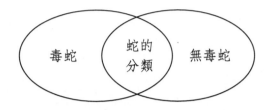

第二步驟：列舉出「有毒蛇」與「無毒蛇」在頭型、尾部與身體斑紋的差異。

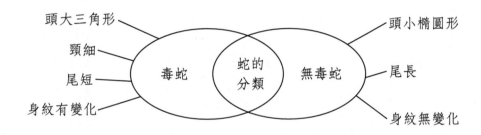

◎動手畫畫看，畫出文章的結構。別忘了一邊看一邊畫出標示語。

除了下列文章段落的練習之外，請練習第 16 頁的【練習 1-2-2】的短文。

有人說人類智慧的表現在於會使用工具，但是動物界會使用現成的工具不勝枚舉。例如：南美洲森林中的猴子會拿蘆葦的桿子當作吸管去食樹洞裡的甜汁；而墨西哥海灣的海鷗會口含岸邊的石塊，在半空中往下投「彈」，以期把海岸邊的海龜蛋打破來滿足食慾。所以工具的使用似乎是「天賦授權」而不是人的專利（曾志朗，2004）。

答案：第一行的「但是」；第四行的「所以」；第五行的「是」

問題分析 1-3：組織與整合文章的重要訊息

「雯雯，可不可以用自己的話，說說看文章的大意呢？」

「不知道耶～」

雯雯跟著老師的教導，一步步地完成文章結構圖。最後，老師再問一次雯雯說：「雯雯，來！我們用自己的話，試著說出文章的大意。」

雯雯看著「伊索寓言」的結構圖說：「伊索寓言是文學名著……。然後……」雯雯未能將這些語詞組織與整合成一句話。老師決定提供一些標示語，包括關聯詞，幫助雯雯整合這些重要語詞。

釐清雯雯的問題後，老師採取「看文章結構圖，加連接詞，統整文句，再用自己的話說文章的大意」。

策略 1-3　看圖，說出或寫出文章摘要

畫出主要關鍵語詞，再根據自己所畫出的文章結構圖，添加上與文章類型相關的標示語，形成文章的摘要。

1. 並列

摘要：伊索寓言是一本寓言書，也是一部文學名著。它的文句簡明詼諧，內容主要在啟示人生的哲理。

2.並列

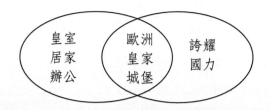

> **摘要：**古代歐洲皇家城堡的功能是皇室居家辦公的場所和誇耀國力的文物
> 建築。

3.因果

> **摘要：**劉備採取諸葛亮的方法，聯合孫吳，攻占西夷，穩固自己的生存地
> 盤後，抵抗曹操，形成三國鼎立的局面。

現在是練兵千日用於一戰的時刻了！

請一氣呵成的進行下列步驟

　　　一壘：辨識與文章標題有關的主要關鍵語句。

　　　二壘：找出標示語。

　　　三壘：畫出文章結構圖。

　　　奔回本壘：用自己的話，寫出文章段落的摘要。

【短文一】

潮汐

　　有人認為，提到潮起潮落是月亮和地球玩的遊戲。其實，潮汐對海洋漁業也有很大的影響。海魚通常趁著漲潮時，游向海岸和海灣，在海灣底下、海岸邊尋找豐富的食物。退潮的時候，海魚順著潮水匆忙的離去，行動遲緩的魚、蝦、蟹，常因來不及撤退，而成了人類的盤中飧。因此，漲潮前後兩個小時內，是漁民捕獲魚類的最佳時機。

【短文二】

吃葷的植物

　　豬籠草是吃葷的植物。一隻蚊子掉在捕蠅草的葉片中，大約需要三到四天的時間才能消化。當葉片再度張開的時候，蚊子只剩下一片薄薄的軀殼，乾乾扁扁的黏貼在葉子上。更有趣的事是，原來捕蠅草是會挑食的植物，它只吃蚊蟲身體肥胖、鮮嫩的部位，至於細細瘦瘦的長腳，它是連嚐一口也不嚐的。如同我們吃魚，只將鮮嫩好吃的魚肉吃個精光，剩下一堆魚骨頭而已。

【短文三】

再生紙的由來

　　宋朝人將用過的紙重複使用、循環再用。他們通常先將廢紙的墨跡、污跡洗去，然後加入新紙漿、重新造紙，宋朝人將這種重複使用的紙稱為「再生紙」，主要目的是為了降低生產成本，也就是可以減少材料費的支出及尋找材料的時間。

【短文四】

食物的營養素

　　食物所含營養素的種類很多，歸納起來，可以分為醣類、脂肪、蛋白質、礦物質和維生素等五種，這些營養素的功能也不太一樣。

　　醣類是供給人類熱量和體力的養料，米、麵等五穀類食物裡，含有這類營養素。脂肪的功能不僅產生熱量、保持體溫，還可以保護人體的內臟。花生油、豬油等油脂類食物中，含有大量的脂肪。蛋白質是構成身體細胞的主要物質，也是促進生長和維持健康不可缺少的原料。奶類和蛋、豆、魚、肉類等食物，都含有蛋白質，奶類對骨骼的生長特別有幫助。

　　礦物質和維生素的需要量雖然不大，但都是人類健康所必須，他們有調節身體機能和預防疾病的功能。我們常吃的各種蔬菜和水果，都含有這兩種營養素。由上可知，五種基本食物能提供我們各種營養素，只要每天注意均衡的飲食，不偏食，我們就不會缺乏任何營養素了。

參考文獻

教育部（2006）。**95 學年度高中高職及五專入學新生「本國語文寫作補救教學」教師參考手冊**。台北市：作者。

國立編譯館（1981）。**國民小學國語第八、九冊**。台北市：作者。

陳憶民（1997）。若隱若現，似真似幻──談兩棲、爬蟲類的防禦策略。**動物園雜誌，67**，20-23。

曾志朗（2004）。天生鳥才必有用。載於**用心動腦話科學**。台北市：遠流。

單元二

科學文章閱讀

劉佩雲

個案

心心㈠

　　心心升上小學高年級後，對自然與生活科技領域的學習態度有了轉變。心心原本非常喜歡觀察動植物、作實驗等有趣又刺激的學習活動，但升上高年級後，實驗變的比較複雜，觀察時要注意的事項也很多，心心常常聽不太懂實驗前老師的口頭解說或看不懂課本的文字說明，實驗後老師的提問或實驗報告的撰寫，或是要將觀察、實驗所得和課本印證，似乎都變成超級困難任務。**特別是課本上看似簡短的文字說明或漂亮圖片，老師居然延伸出一堆名詞和解釋，心心對老師歸納的概念，像「光合作用」、「呼吸作用」、「虹吸現象」等，常常無法理解或應用於日常生活中。**有時老師補充一些由「小牛頓」、「自然科學百科」或「科學人」摘錄下來的文章給學生閱讀，心心左看右看就是看不懂文章到底要說明或解釋什麼，更無法與課本學到的概念相結合。老師發現了心心在閱讀自然與生活科技課本或科學文章時，似乎有困難，為確認心心的學習問題，老師提供＜植物的繁殖＞一文要心心讀。在心心閱讀後，詢問心心一些問題，以測試心心文章理解與概念學習的情形。文章如下：

植物的繁殖

　　花是植物的繁殖器官。植物中的開花植物就是靠開花結果來繁殖後代。一般的花朵由內到外包含三部分：花萼、花瓣與花蕊。綠色、葉狀的是花萼，花萼內是花瓣，花萼與花瓣有保護花蕊的功能，合稱為「花被」。花瓣內的花蕊位於花的正中心，是一朵花負責生殖的最重要部分。

　　花蕊又分作雌蕊和雄蕊，正中心是一支或一支以上的雌蕊，雌蕊外是雄蕊，雌蕊寬大的底部叫子房，裡面有小小的圓胚珠，

經過花粉授精，就會變成種子。花粉由雄蕊的花粉囊製造，吸收柱頭表面的醣液和濕氣，漲大生長，形成細管到達子房，進入胚珠。然後把細管裡的花粉全部倒入胚珠而受精，花粉細管可以很多一起進入子房，每根細管可以使一個胚珠授精。

植物開花通常只維持一段短暫的時間，開花的目的是為了結成種子。所有的花都必須經過授粉的過程，才能接著完成結成種子的工作。花粉自雄蕊的花粉囊傳到雌蕊叫做授粉。植物授粉的方式有兩種：一種是利用自己的花粉來授粉，稱為自花授粉，如：豌豆、棉花、蕃茄等；另一種則是利用其他花的花粉來授粉，稱為異花授粉，如：絲瓜、玉蜀黍、大花咸豐草等。

植物沒有腳，要怎樣異花授粉呢？只好請媒婆來幫忙囉！有些花請昆蟲或小鳥幫忙當媒婆，通常這類花大又香，鮮豔又美麗，且會分泌花蜜吸引蝴蝶、蜜蜂等昆蟲來食用，花粉則趁機黏在昆蟲腳上隨昆蟲移動，就可以傳到別朵花上。這樣利用昆蟲傳送花粉的稱為蟲媒花，如油菜、牽牛花、牡丹花等。而利用鳥傳送花粉的稱為鳥媒花。

其次，有些花既沒有鮮豔的花瓣也沒有迷人的香味或誘人的花蜜，只好請大自然中的風或水來幫忙傳粉。以風為媒介傳遞花粉的就叫風媒花，風媒花的花粉通常較輕，有薄翅或絨毛，例如芒草的花粉成球形，可以隨風飄送。風媒花如：玉蜀黍、松、稻等。而利用水為媒介的就是水媒花，如：水王孫、水馬齒等。

此外，人們為了減少植物的病蟲害或改良優良品種，會以人工的方式來幫忙植物授粉而繁殖，稱為人工授粉。

改寫自：林秋暖（1991）。

心心讀完後，老師先請心心回憶三年級、四年級與五年級學過的一些相關概念，如：植物身體的部位、功能及傳宗接代的方法，配合

上一堂課在校園觀察植物，及這篇文章閱讀的心得，再仔細觀察面前一盆美麗的杜鵑花後，老師詢問心心「花對植物而言，最重要的功能是什麼？」

心心想了想回答：「花很漂亮，可以讓人欣賞，蜜蜂、蝴蝶也覺得花很美，飛來吸花蜜！還有開完花會結果實，果實可以吃。」

「很好，美麗的花的確令人賞心悅目，而花除了讓人欣賞，讓昆蟲吸花蜜，所結的果實可以給人或動物吃以外，對植物本身來說，還有沒有什麼重要的功能？」

心心一時答不上來，呆了半晌，老師提示「文章中有沒有提到花的功能？」心心說：「有哇！文章中說開花的目的是結成種子，種子不就是果實嗎？」老師接著再提示她「那授粉是什麼意思呢？」心心張大嘴巴，無法回答。

綜合問題診斷

心心的舊有經驗影響對新訊息的判讀與理解。

心心只能望文生義，無法從文章中擷取並統整出主要想法及概念。

問題分析 2-1：舊有經驗的影響

學生並非如一張白紙來到學習領域，而是帶著不同的自我生活經驗及先前學習的原有背景知識而來，舊經驗能正向結合新訊息有效學習而形成有組織的知識，但也可能負向影響新訊息的理解與學習，如先前舊經驗是錯誤的知識或與學科領域專業知識不符的另有觀念（也稱迷思概念），就會妨礙學習。如本例中，心心由日常經驗產生花的主要功能是供人欣賞與結果實給人吃的概念，由人的本位而言，可能沒錯！但這樣的經驗與思考就影響花對植物真正功能的判斷與理解。

策略 2-1-1 由個別深度晤談了解學習者的想法或迷思概念

舊有經驗之所以會造成另有概念甚或錯誤理解，主要是自身經驗或先前學習的概念引喻失當或過度類推，而影響新訊息的理解，所以首要是了解學習者的另有概念為何？為何會形成迷思概念？

進行科學文章閱讀時，若發現學生有錯誤想法，可以個別深度晤談了解學生的想法及形成此想法的原因。可採二階段問題：**先問「什麼」？再問「為什麼」？也可以請學生畫圖或舉例解釋自己的想法。**如：「氧氣在人體內最重要的功能是促進廢物代謝嗎？」「這樣回答的理由是？」「氧氣在植物體內最重要的功能是促進植物呼吸嗎？」「這樣回答的理由是？」氧氣在動物與植物呼吸作用中最重要功能都是：氧氣可以氧化養分釋出能量，但學生可能因生活經驗（呼吸就是吸入氧氣而呼出二氧化碳）、類比（植物和動物都需要吸入氧氣而排出二氧化碳）或老師簡化方式介紹概念的教學（呼吸作用就是吸入氧氣而排出二氧化碳），或直觀回憶（動物需要氧氣，植物需要二氧化碳），都可能形成迷思概念。

 策略 2-1-2 以多感官經驗教學澄清迷思概念

了解學生的另類想法及形成此另類想法的原因後，就可以對症下藥，破除迷思概念，但必須一而再，再而三地澄清，才能改變原先牢固的迷思，也才可能重新學習新的訊息與正確的概念。其中多感官經驗教學是有效的方法。多感官經驗教學是佈置多感官教學情境，讓學生親自去看、聽、聞、觸，直接體驗與經歷。如：讓學生觀賞蜜蜂採花蜜的影片，觀察分析蜜蜂如何扮演「蟲媒」，幫助植物傳衍後代的過程，幫助理解「繁衍」與「授粉」的概念，進而改變原有的迷思概念。

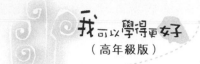
 策略 2-1-3　以 POE 法澄清迷思概念

　　POE法是指「預測—觀察—解釋」的程序，由學生先對某現象做出預測，說明預測理由，接著進行實驗與觀察，解釋預測與觀察間的矛盾或差異之處。例如針對學生「動物需要氧氣，植物需要二氧化碳」的迷思概念，請學生先「預測」：若將植物置於只有二氧化碳的環境中，植物會如何並說明預測的理由，再「觀察」：進行實驗和觀察，具體描述看到的現象，繼而「解釋」：說明預測與觀察之間所產生的差異，從而澄清迷思概念。

策略 2-1-4　以概念構圖法澄清迷思概念

　　澄清迷思概念進而學習概念的有效方法之一是「概念構圖法」（concept mapping），以下即介紹以概念構圖策略幫助科學文章閱讀理解的方法與步驟。（詳見以下的策略 2-2-1、策略 2-2-2、策略 2-3-1與策略 2-3-2）

問題分析 2- 2：無法從文章中擷取並統整出主要想法及概念

　　科學文章多為說明文，說明文主要在闡述大自然的現象或說明事物的原理、形成原因與結果。能否理解文章的關鍵在於掌握文中主要想法（概念），而不同於文章中重要語詞的判斷（如何找出與分辨重要語詞的策略和練習可參見《我可以學得更好中年級版》單元二摘要策略中策略 2-3-1 及策略 2-4-1），「概念」是對一連串特殊事件思考後所形成的想法，是學習者主動在一群事物的屬性中歸納出共同性或相似性，再加以符號化的命名。學習科學時，學習者必須了解科學概念的涵義才能應用相同語彙和別人溝通科學想法。

本文題目為「植物的繁殖」，所以文章中談到植物如何繁殖之過程與結果的想法應該是重點，而「繁殖」就是最重要的概念。但心心注意到的卻是開花目的在結成果實，讓蜜蜂蝴蝶吸花蜜，或受舊經驗影響而認為開花很美可供人欣賞，似乎未能掌握「繁殖」的全文主要想法與概念，或者心心沒有釐清「繁殖」此概念的涵義，也不能理解「繁殖」與「授粉」間的關係。

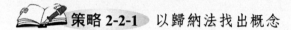

策略 2-2-1　以歸納法找出概念

　　「概念」是指將事件或物體的共同性加以歸類並命名，找概念時可以用歸納法找出共同特徵，加以分類並命名。對處於具體運思期的國小學童來說，具體的概念較易掌握，而抽象概念的學習則不容易，教學時可以由具體到抽象，由近到遠，由簡單到複雜，循序漸進，而多充實學生的生活經驗與見聞也可擴充學生的背景知識，幫助概念的理解與學習。

🖊 練習 2-2-1　以歸納法找出概念

◎ 說明：　1. 閱讀＜植物的繁殖＞乙文，找出具有共同特徵的事件或物體。

　　　　　2. 將具有共同特徵的事物歸類並命名，可先在共同特徵的事件或物體下畫線，再進行歸類與命名。

【例一】

　　花蕊又分作雌蕊和雄蕊，正中心是一支或一支以上的雌蕊，雌蕊外是雄蕊，雌蕊寬大的底部叫子房，裡面有小小的圓胚珠，經過花粉授精，就會變成種子。花粉由雄蕊的花粉囊製造，吸收柱頭表面的醣液和濕氣，漲大生長，形成細管到達子房，進入胚珠。然後把細管裡的花粉全部倒入胚珠而受精，花粉細管可以很多一起進入子房，每根細管可以使一個胚珠授精。

　　植物開花通常只維持一段短暫的時間，開花的目的是為了結成種子。所有的花都必須經過授粉的過程，才能接著完成結成種子的工作。花粉自雄蕊的花粉囊傳到雌蕊叫做授粉。

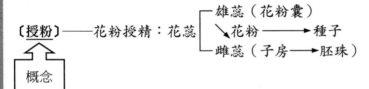

〔授粉〕──花粉授精：花蕊

　　　　　　　┌ 雄蕊（花粉囊）
　　　　　　　└ 花粉 ──→ 種子
　　　　　　　└ 雌蕊（子房──→胚珠）

概念

【例二】

　　植物授粉的方式有兩種：一種是利用自己的花粉來授粉，稱為自花授粉，如：豌豆、棉花、蕃茄等；另一種則是利用其他花的花粉來授粉，稱為異花授粉，如：絲瓜、玉蜀黍、大花咸豐草等。

〔授粉的方式〕：┌ 自花授粉：（舉例）豌豆、棉花、蕃茄
　　　　　　　　└ 異花授粉：（舉例）絲瓜、玉蜀黍、大花咸豐草

概念

【請學生練習】

　　植物沒有腳，要怎樣異花授粉呢？只好請媒婆來幫忙囉！有些花請昆蟲或小鳥幫忙當媒婆，通常這類花大又香，鮮豔又美麗，且會分泌花蜜吸引蝴蝶、蜜蜂等昆蟲來食用，花粉則趁機黏在昆蟲腳上隨昆蟲移動，就可以傳到別朵花上。這樣利用昆蟲傳送花粉的稱為蟲媒花，如油菜、牽牛花、牡丹花等。而利用鳥傳送花粉的稱為鳥媒花。

　　其次，有些花既沒有鮮豔的花瓣也沒有迷人的香味或誘人的花蜜，只好請大自然中的風或水來幫忙傳粉。以風為媒介傳遞花粉的就叫風媒花，風媒花的花粉通常較輕，有薄翅或絨毛，例如芒草的花粉成球形，可以隨風飄送。風媒花如：玉蜀黍、松、稻等。而利用水為媒介的就是水媒花，如：水王孫、水馬齒等。

　　此外，人們為了減少植物的病蟲害或改良優良品種，會以人工的方式來幫忙植物授粉而繁殖，稱為人工授粉。

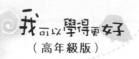

策略 2-2-2　以模擬、比喻、舉例法找出概念

　　由文章閱讀教導概念時，可結合前述之多感官經驗教學法與模擬、比喻、隱喻等策略，多加練習，理解後再舉出實例。而進行策略教學時要很小心，因為一旦引喻失當，有時反而讓學童產失迷思概念，如：以氣球譬喻肺臟，學童可能會產生肺臟是中空的錯誤概念。

　　在教學時，老師可以先請學生讀一篇文章，讀完後在腦海中想像文章內容的圖像。並就其浮現的圖像聯想相關生活經驗，如呈現不同植物與所開的花、雌蕊與雄蕊、花粉的圖片，請學生進行歸納整理，幫助確認概念意義的理解（如：繁殖、授粉、風媒花）。然後辨別這些圖像的物體或事件是否為「概念」。

◎ 說明：閱讀＜植物的繁殖＞乙文，以比喻或舉例找出概念。

【例子】

植物的繁殖

　　花是植物的繁殖器官。植物中的開花植物就是靠開花結果來繁殖後代。一般的花朵由內到外包含三部分：花萼、花瓣與花蕊。綠色、葉狀的是花萼，花萼內是花瓣，花萼與花瓣有保護花蕊的功能，合稱為「花被」。花瓣內的花蕊位於花的正中心，是一朵花負責生殖的最重要部分。

比喻　　　　舉例

植物的繁殖<u>就像動物的生殖</u>，<u>例如</u>：狗狗生小狗。
　　　　　　<u>就像人類的生育</u>，<u>例如</u>：媽媽生小妹妹。

概念

個案　心心㈡

　　經過練習後，心心已經了解＜植物的繁殖＞一文的重點在談植物如何繁衍後代，所以植物如何透過花的「授粉」而「繁殖」應是主要概念。心心根據新的理解將整篇文章中概念找了出來。

　　老師接著說明，概念可分為主要概念和主要概念同類別的次要概念，然後要求心心：

一、將找出來的概念區分成主要概念與次要概念。說明主要概念及其同類相關的次要概念之間的關係。

二、以關係詞（或稱標示語）表明主要概念及其同類相關的次要概念之間的關係。

三、完成概念圖。

　　心心支支吾吾，說不清哪些是主要概念，其相關的次要概念為何？也理不出之間的關係，更無法畫出概念間的關係圖。

綜合問題診斷

　無法釐清文章主要概念與相關的次要概念，及之間的關係。

　無法統整概念間的關係進而繪出概念關係圖。

問題分析 2-3：無法從文章中找出重要概念與次要概念，
並釐清之間的關係

　　概念是統整的想法，直接聯結文章主旨的是主要概念，進一步解釋說明該主要概念的是次要概念。判斷與決定主要概念時，要選擇與文章主旨有直接關係者，較周全、具完整含括意義的為主要概念；而意思相近、重複說明、範圍較小且已被含括入該主要概念中，或用來修飾說明該主要概念的就是次要概念。心心無法區辨文章中主要概念的內涵，找不出相關的次要概念，當然就更不清楚主要概念與次要概念間的關係。

策略 2-3-1 找出關係詞並說明關係詞與主要概念、相關的次要概念之間的關係

　　概念間的關係可能是從屬、因果、說明或例證。關係詞就是用來說明概念之間關係，常見的關係有㈠**部分與整體**：關係詞如「包含」、「包括」、「部分」、「構成」、「組成」、「分成」；㈡**原因與結果**：關係詞如「導致」、「造成」、「引起」、「變成」、「就會」、「發生」；㈢**特徵與功能**：關係詞如「特徵」、「功能」、「特色」、「性質」、「用途」、「功用」；㈣**舉證**：關係詞如「舉例」、「例子」、「例如」；㈤**方向與位置**：關係詞如「接著」、「再來」、「位於」、「經由」、「傳向」、「轉向」；㈥**說明、解釋**：關係詞如「說明」、「解釋」、「稱為」、「表示」。（請參見本書單元一策略）

✏️ **練習 2-3-1　找出關係詞並說明關係詞與主要概念、相關的次要概念之間的關係**

◎ 說明：找出＜植物的繁殖＞文章中「主要概念」與相關的「次要概念」，將次要概念歸類於主要概念之下，並以關係詞說明之間的關係。

【說明】

1. 本文主要在說明植物的繁殖，即解釋說明植物如何以花傳宗接代。而與「繁殖」相關的就是這篇文章要闡釋的「概念」，如「授粉」、「自花授粉」、「異花授粉」、「蟲媒花」、「鳥媒花」、「風媒花」、「水媒花」與「人工授粉」等。

2. 要說明花的繁殖就得介紹花的構造，不同構造的功能，及這些構造和繁殖的關係。花透過「授粉」達成繁殖的目的，所以「繁殖」與「授粉」都是主要概念，而授粉又是含括在繁殖之下的次要概念。

3. 接著分別闡明「授粉」的種類分「自花授粉」、「異花授粉」，而異花授粉的方式包括「蟲媒花」、「鳥媒花」、「風媒花」與「水媒花」，此外還有「人工授粉」，這些方式就是含括在主要概念「授粉」之下，用來解釋說明授粉這個主要概念的相關次要概念。

4. 以關係詞連結主要概念與次要概念。

練習 2-3-1 　找出關係詞並說明關係詞與主要概念、相關的次要概念之間的關係（續）

參考答案：

| 主要概念 | ⟹ | 繁殖──植物經<u>花粉</u>授精產生<u>種子</u>，以繁衍後代。 |

| 次要概念 | ⟹ | <u>授粉</u>（的方式）──<u>自花授粉</u>、<u>異花授粉</u>。 |

| 次要概念 | ⟹ | <u>異花授粉</u>──<u>蟲媒花</u>、<u>鳥媒花</u>、<u>風媒花</u>、<u>水媒花</u>。 |

主要概念與次要概念的關係以<u>關係詞</u>表示：

例如：

繁殖<u>表示</u>植物經花粉授精產生種子，以繁衍後代。<u>經由</u>授粉（完成）授粉<u>分成</u>自花授粉、異花授粉。

異花授粉<u>分成</u>蟲媒花、鳥媒花、風媒花、水媒花與人工授粉。

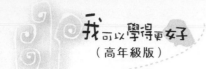
📖 **策略 2-3-2** 找出主要概念與次要概念間的關係，並試以概念卡排出概念關係圖

老師可請學生先將文章中的所有概念一一寫在小紙片上，作成「概念卡」，試著將概念卡排列出彼此的關係，再以關係詞標示出概念之間的關係，排出概念關係圖。

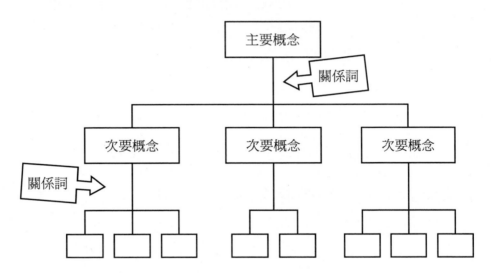

練習 2-3-2　完成概念構圖

◎ 說明：請完成＜植物的繁殖＞乙文的概念構圖，包括主要概念與次要概念的階層圖，並標出概念之間的關係詞。

參考答案：

〈植物的繁殖〉

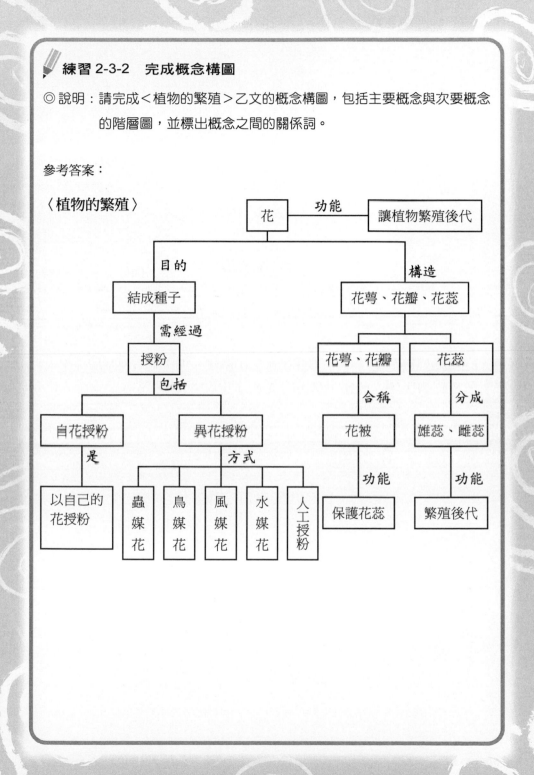

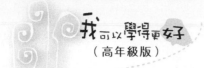
　　科學文章閱讀理解的關鍵在理解概念及概念之間的關係，在概念教學上，「概念構圖」是提綱挈領學習的有效策略，以學習者已經懂得的知識或概念（先備知識）為基礎，再形成概念與概念之間的網絡聯結關係圖，透過概念構圖不但能了解學習者對學習內容理解的情形與知識結構，亦能評量學習成果，偵測出可能的錯誤或迷思概念，更能幫助學習者掌握「學會如何去學」的學習方法。

參考文獻

余民寧（1997）。**有意義的學習：概念構圖之研究**。台北市：商鼎文化。

林秋暖（1991）。植物的繁殖。載於張高維（編輯），**有趣的植物**（頁16-17）。台北縣：陽銘出版社。

單元三

推論理解

方金雅

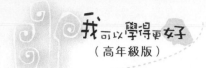

　　在閱讀的過程中，有時孩子雖然已看完了文字段落，但卻讀不到重點，不能完全理解文字的意義，這可能是在閱讀時文字所提供的訊息過多，造成閱讀理解的困難。舉例來說，在我們的生活中，有許多的使用說明書或說明文件，這些說明手冊的內容十分豐富，但有許多的訊息可能是暫時不需用到，或是特別的狀況才需使用的，因此讀者就需要擇取重要的訊息，刪去不必要的訊息，做適當的推論，才能達成閱讀理解的目的。

　　其次，在閱讀時需運用先備知識不斷的從文字中進行猜測與佐證，並檢驗其合理性才能正確理解段落與篇章的文義，如果對於文字所敘述的主題背景知識不足，或是有生字難詞而不理解字義，也可能無法產生合理的預測與恰當的推論，導致理解困難。還有一種常見的情況則是現今圖像式思考的孩子們，閱讀時文字理解能力不如圖畫理解能力；換句話說，孩子的圖畫理解能力較佳，而文字理解能力不足。但閱讀最主要就是辨認文字、獲得訊息，因此可以運用優勢的圖畫理解能力來輔助文字推論能力，以發展出孩子的推論理解能力。

　　以下分別有三個個案，在閱讀時，分別有文字訊息過多、讀者背景知識不足，以及文字理解能力不如圖畫理解能力的主要問題，請詳見我們的個案描述、問題診斷與輔導策略。

個案一　雯雯

　　雯雯是個國小六年級的學生，是個沉靜乖巧的孩子，最喜歡的休閒活動就是畫畫，她常常畫得忘了時間，沉浸在畫畫的快樂裡。

　　上了高年級後，媽媽覺得雯雯長大了，比較可以照顧自己，所以媽媽找了一個工作，出去上班了。最近有一次，媽媽因為加班，打電話回來要雯雯自己吃藥，由於以前都是媽媽把藥分好，讓她帶著去上學，所以她對著藥袋上的說明文字看了半天，還是不知道要吃幾顆藥

丸，藥袋上的說明是這樣的：

> ＊請飯後服用，每日最多 2～8 顆。
>
> ＊六歲以下兒童每日兩次，每次 1 顆。
>
> ＊六歲以上兒童暨成人每日四次，每次 2 顆。
>
> ◎每日兩次：早、晚服用。
>
> ◎每日四次：早、午、晚及睡前服用。

 綜合問題診斷

🦟 在閱讀藥袋文字時，雯雯雖然逐句閱讀藥袋的說明，但無法確知自己現在要吃幾顆，極有可能藥袋上提供的訊息太多，有不同年齡的服用方式與服用顆數。例如：在本張藥單中，◎記號後的訊息只需擇一閱讀，因此，刪去無用的訊息，留下有用的訊息來幫助理解。

🦟 除了依段落閱讀藥袋說明外，雯雯若仍無法將不同的句意整合成有意義的概念——不知道現在應該吃多少顆藥丸，造成這樣的問題，有可能是雯雯對服用藥物的背景知識了解不夠，雯雯也缺乏舊經驗來進行推論，例如：不會運用以往服藥的次數、規律及藥物顆數作為參考經驗，進而判斷目前要吃的藥丸應如何計算。

🔍 問題分析 3-1：訊息太多造成閱讀理解障礙

在藥袋上的說明，共有五句話，這五句話分別包含不同年齡的服用方式與服用顆數。其中有些敘述對雯雯來說是重要的訊息，有些則是多餘的訊息，在閱讀的過程中應刪去不必要的訊息，只留下必要的訊息以增進閱讀理解。

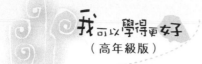

📖 策略 3-1-1 教導刪去多餘的訊息

　　家長或老師可帶領雯雯指出藥袋上的句子，第一句話：「請飯後服用，每日最多 2〜8 顆」，這是需要了解的，值得保留。再來第二句話：「六歲以下兒童每日兩次，每次 1 顆。」因雯雯已是國小六年級學生，所以，「六歲以下兒童每日兩次，每次 1 顆。」這句話可刪去，親師可直接在該句話上書寫刪去記號，成為「~~六歲以下兒童每日兩次，每次 1 顆。~~」接著，再看第三句話：「六歲以上兒童暨成人每日四次，每次 2 顆。」雯雯已超過六歲，所以這句話保留。

　　接著，第四句話：「每日兩次：早、晚服用。」從前面第三句話可知，雯雯需要每日服用四次，所以刪去這句話：「~~每日兩次：早、晚服用。~~」最後，再閱讀第五句話：「每日四次：早、午、晚及睡前服用。」這句話保留。

　　根據上面所述，我們可在藥袋上做記號如下：

> ＊請飯後服用，每日最多 2〜8 顆。
> ＊~~六歲以下兒童每日兩次，每次 1 顆。~~
> ＊六歲以上兒童暨成人每日四次，每次 2 顆。
> ◎~~每日兩次：早、晚服用。~~
> ◎每日四次：早、午、晚及睡前服用。

　　因此，藥袋上會留下三句話：「請飯後服用，每日最多 2〜8 顆」、「六歲以上兒童暨成人每日四次，每次 2 顆」與「每日四次：早、午、晚及睡前服用」，將這三句話整合就是：

　　每天四次，每次 2 顆，在早餐、午餐、晚餐及睡前服用，每天最多 8 顆。

　　再回到實際的時間點，現在是晚上，需要吃晚餐飯後的 2 顆藥，

而睡覺前若媽媽還沒回來，需要再吃睡前 2 顆藥。

策略 3-1-2　把握生活情境，經常練習訊息的選取

在現代生活中，經常有許多機會接觸各式各樣的使用說明書，這些說明手冊常是厚厚一大本，所提供的訊息非常豐富，但過多的訊息反而造成理解困難或混淆，因此練習選取有用的訊息，具備判斷無效訊息的能力是必要的，家長與老師可隨機把握生活情境，訓練孩子選取訊息的能力。以下以洗衣精使用說明作為實例：

洗衣方式	洗衣機洗				手洗
洗衣機類型	大型（9公斤及以上）		中小型（9公斤以下）		
水位	高水位	中水位	高水位	中水位	1 臉盆水
使用量	1 瓶蓋	7 分滿	7 分滿	5 分滿	3 分滿

家長可指導國小高年級的孩子洗衣服前閱讀洗衣精使用說明，若家中使用的是大型洗衣機，則可請孩子把不需閱讀的地方刪去，也就是刪去不用的訊息，表格就成為如下形式：

洗衣方式	洗衣機洗				手洗
洗衣機類型	大型（9公斤及以上）		~~中小型（9公斤以下）~~		
水位	高水位	中水位	~~高水位~~	~~中水位~~	~~1 臉盆水~~
使用量	1 瓶蓋	7 分滿	~~7 分滿~~	~~5 分滿~~	~~3 分滿~~

決定了大型洗衣機後，再考慮衣服的量來決定水位，才能確定洗衣精的用量，至於衣服的量與水位的關係，則可能需要舊經驗加以輔助，請續見下面的分析。

問題分析 3-2：缺乏背景知識及舊經驗

在個案一雯雯的例子中，雯雯雖然刪去多餘的訊息，整合成：「每天四次，每次2顆，在早餐、午餐、晚餐及睡前服用，每天最多8顆。」的敘述，但仍然不知要吃多少顆藥丸，因為她問：「今天中午才看醫生，中午吃2顆，現在是不是要吃6顆？」會有這樣的提問，可判斷是雯雯對服用藥物的背景知識不足，雯雯也缺乏舊經驗來進行推論。

策略 3-2-1 補充背景知識

在此例中，師長應加強用藥的背景知識，包括用藥時間與藥量的關係，強調藥物的服用是定時定量，而不是定時總量的服用方式，並說明一次服用總量可能造成服用過多，有藥物中毒的危險，所以主動補充相關的背景知識，也可避免學生有錯誤的閱讀推論。

策略 3-2-2 提示舊經驗及其意義

同時，親師也可提供舊經驗來加以說明。請其回想，是否曾經有忘記吃藥的情形發生，當忘記吃藥時，有沒有在下次用藥時間加倍服用藥物？如果學生的舊經驗是錯誤的，那就是不當的迷思概念，應加以澄清與解釋，使其有正確的舊經驗來理解文字。

個案二　娟娟

　　娟娟她們班這個學期被抽到做國語文能力檢測，所以她們除了考三次月考外，還加上一次國語考試，真是大考小考考個不停。為了這個國語文能力檢測，老師複習了好多張考卷，這些考卷有好多題目的敘述都很長，而且好像答案都不只一個，她記得有這樣的題目：

　　【題目1】英國的心理學家研究發現，感冒使手和眼之間的協調功能降低。所以我們可以由這項研究結果推論：感冒除了造成身體不舒服外，「＿＿＿＿」也可能會受影響。

　　(1)病情　(2)反應　(3)心情　(4)胃口

　　娟娟覺得感冒了，常常吃不下飯，而且不能出去玩，心情也不好，所以，選(3)心情和(4)胃口，應該都可以吧！沒想到老師公布的答案，不是(3)心情，也不是(4)胃口，而是(2)反應，娟娟真是看傻了，一點也不知道為什麼。

　　【題目2】「快過年的時候，天氣很寒冷，多年守寡獨居的伯母春風滿面，忙著幫單身貴族的堂哥訂餐廳、印帖子、看房子、洗刷房子，伯母整個人都不一樣了。其實也只不過家裡要多一個人嘛！」從上面這段文字，你覺得伯母家正忙著什麼事？

　　(1)大搬家　(2)辦喜宴　(3)生小孩　(4)大掃除

　　娟娟覺得家裡要多一個人，應該可以選(3)生小孩，不過伯母也洗刷房子，所以也可以選(4)大掃除的答案，沒料到老師公布的答案竟然是(2)辦喜宴，同樣讓娟娟覺得很奇怪，覺得題目很簡單，答案好困難。

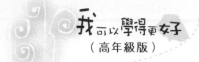

 綜合問題診斷

　　娟娟在上述情境，似乎在推論過程中無法適切的加入讀者原有的經驗，以擴展文章訊息的內涵達到正確理解文意，娟娟雖然已使用了部分的整合或摘要的技巧，但因在論述過程中無法延續句意，或是注意細節進行分析比較，閱讀歷程的整體推論無法完成，所以會覺得有多個答案可選。她的問題可能是以下幾個原因：

🪰 **生字難詞造成閱讀困難。** 在第一個題目中，手眼之間的「協調功能」降低是把答案指向反應而不是心情、胃口等答案的重要關鍵字，娟娟可能不懂「協調功能」的意義。同樣的，在第二個題目中，「單身貴族」也可算是這句子的重要關鍵字，娟娟可能不明白「單身貴族」的字詞意義。

🪰 **未能進行整體推論。** 不管是閱讀前、閱讀中或閱讀後，都是不斷的從文字中進行猜測與得到佐證的歷程，因此在閱讀時，進行預測與取得佐證是不斷交替進行的，讀者需要確定預測與佐證的合理性才能進行整體推論，達到正確理解的目的。

🔍 問題分析 3-3：生字難詞造成閱讀困難

　　在娟娟考試的第一題題目中，「協調功能」是答題的關鍵字，如果娟娟理解「協調功能」的意義，她便可判斷「反應」才是較合用的答案。同樣的，在第二個題目中，「單身貴族」也可算是這句子的重要關鍵字，因為生小孩也會使家裡多一個人，但一般說來，單身貴族係指未結婚的男女，所以辦喜宴的答案比生小孩合適，換言之，娟娟極可能不明白「單身貴族」的字詞意義，故造成閱讀理解的困難。

策略 3-3-1　示範在閱讀中註記

　　閱讀過程是不斷思考的歷程，讀者會對文章的特性及內容是否寫實、是否合理進行推論。根據研究，教師引導學生閱讀時，可鼓勵學生放聲思考，將所想的說出來或寫下來（趙永芬譯，2003）。由於放聲思考時，可能會使學生在閱讀中不時停頓，所以可採用簡單註記的方式記錄不同的想法，等到一段落時再進行放聲思考。教師可先示範幾個簡單的註記規則，讓學生學習如何快速的將想法或困惑做記號。例如：

我同意＝∨	我不同意＝×	我不懂＝？？
這倒新鮮＝＋	哇！好棒！＝！	

　　這樣的作法讓學生一邊閱讀一邊用鉛筆在文字旁邊留白的位置寫下註記符號，在閱讀過程中可讓學生明白自己懂得什麼或不懂什麼，可以幫助學生在腦中放聲思考。

策略 3-3-2　重讀一遍困惑的地方

　　用上述的註記方法，看到文字旁的？？時，便是學生不明白的地方。如果是生難字詞，教師可帶領學生「重讀一遍」困惑的地方，在重讀時可採的策略，包括：確定斷句的位置是否恰當、根據上下文推測字義、尋找相似的字詞，以加強讀者的推論能力，如仍未能解開學生對此字詞的迷惑，則可直接解說字詞的意義與內涵，要注意的是，中文字詞向來有許多同音詞，有時運用語詞的本義並不能完全理解，注意延伸的意義、語詞的言外之意與情緒意義也很重要，可參見《我可以學得更好中年級版》單元一語詞學習。

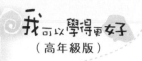

問題分析 3- 4：欠缺整體推論的技巧

在娟娟考試的第二題題目中，娟娟已運用整合、摘要等技巧，但卻未能顧到各個細節進行分析比較，因此整體推論的能力仍待提升，無法完成閱讀歷程的整體推論，才會覺得有多個答案可選。

策略 3-4-1　練習預測技巧

要使整體推論的技巧提高，除了解決生字難詞外，讀者在閱讀時需要不斷運用先備知識與讀本所提供訊息進行預測，預測不是天馬行空亂猜，而是根據所讀到的文字與讀者的先備知識。例如：娟娟的先備經驗極可能有感冒吃不下飯，且因感冒而被禁足的經驗，所以她認為感冒會使心情和胃口都不好，是根據先前經驗而預測的，雖然這不是正確答案，但這樣的預測是合理的。又如：娟娟認為生小孩也會使家中多一個人，這樣的預測也是根據先備知識而來，同樣是合理的，即使這不是正確答案，但在閱讀歷程中根據舊經驗進行「預測」是很必要的活動。

策略 3-4-2　預測與佐證的合理性

上述的預測是合理的，但卻未能達成真正的理解。接著，要指導學生練習預測與佐證的合理性。以【題目 2】伯母那題為例，請學生把預測的結果寫在左欄，再把佐證的資料寫在右欄。兩者相比對，便可發現辦喜宴才能將文字段落中的訊息全部用上，所以辦喜宴的預測才是最正確的。

預測的結果	佐證的資料
(1)大搬家	訂餐廳、印帖子、看房子、洗刷房子
(2)辦喜宴	訂餐廳、印帖子、看房子、洗刷房子、家裡要多一個人
(3)生小孩	訂餐廳、印帖子、家裡要多一個人
(4)大掃除	洗刷房子

個案三　子翔

　　子翔雖然成績不是很好，但卻非常喜歡看書，只是他僅愛看圖畫書，像是繪本、漫畫書等，特別是愛看漫畫書。基本上，子翔並不喜歡純文字的書。升上六年級後，媽媽覺得子翔已是國小高年級了，不應該只看漫畫，因此常常要求子翔多看純文字的書，但子翔總是不太願意。

　　在一個偶然的機會，媽媽發現：子翔看漫畫時，看的速度很快，即使圖片的內容並不十分連貫，像是下頁三張連環圖，他大致能了解圖片表達的意思，看完這三張圖，他說出圖片的意思如下：

　　有一天，媽媽看到書房雜亂無章，書本散落在地上，垃圾也丟在地上（第一圖）。媽媽很生氣，於是全家人幫忙打掃房間，有的人撿垃圾，有的人幫忙排書，有的人幫忙搬書，還有人幫忙擦書，全家人分工合作一起整理書房（第二圖）。在全家人的努力下，書房的書總算歸位排整齊了，還買了一張新桌子，大家在書房裡看書寫字，非常快樂（第三圖）。

（開始） （經過） （結果）

（繪圖者：陳建龍）

但若僅是文字，他就懶得看，也懶得想。媽媽曾出了一個題目：

【題目】「天快亮的時候，到處都是煙濛濛的，來了很多消防車和警察，叫大家往樓下疏散。」請問你覺得可能發生什麼事？
(1)水災　(2)火災　(3)起濃霧　(4)下大雨

子翔沒辦法理解應該要選(2)火災，不是選(1)水災也不是(4)下大雨。

又像是下面這段文字，子翔讀完後，媽媽問子翔，為什麼建華要驚慌？子翔說不出個所以然來。

週末的下午，建華去逛書店，逛了一段時間後，選了卡片和兩本書。他把東西遞給店員，伸手去摸口袋，卻發現什麼都沒有，他馬上露出驚慌的表情，心想：糟了！

綜合問題診斷

根據媽媽的觀察，子翔很喜歡看漫畫，可見子翔觀察圖畫的能力很不錯，即使圖片的內容並不十分連貫，也能做到閱讀圖畫進行推論的能力。再從子翔回答題目與閱讀文字段落卻說不出個所以然來的情形，可判斷子翔文字推論的理解能力不佳，雖然閱讀圖片和文字兩者同樣需要推論能力，但子翔的文字推論能力顯然不如圖畫推論能力。

在閱讀文章時，文章的連貫性對學童的理解有直接的影響（李玉貴，1998；林慧芳，2001；陳沛嵐，2001）。子翔在閱讀時，對於重要的關鍵詞彙，未能做到猜測或預期可發生的事件結果之間的連結，例如：在題目中敘述「煙濛濛的」、「往樓下疏散」。前者「煙濛濛的」的敘述，讀者可猜測當時的情境充滿煙霧，或是雲霧，有可能是一些緊急狀況造成煙濛濛的，視覺不佳的情形；但後者「往樓下疏散」就必須考慮為何要往樓下疏散，如果是水災，應是往高樓走，如果是起濃霧，似乎也不需要往樓下走，所以火災應是較可能的答案。這樣的歷程是需要讀者多加猜測與預測，並檢驗其合理性。由於子翔未能做到合理的猜測，因此，子翔可能是缺乏背景知識而不懂得預測的要領。此外，他也可能是缺乏預測及澄清疑慮的技巧。

問題分析 3- 5：文字理解能力不如圖畫理解能力

　　子翔很喜歡看漫畫，顯示在看漫畫的過程中，他可順利發展出對事件發展的預期、視覺組織及序列能力等，但對於閱讀這樣的文字：「天快亮的時候，到處都是煙濛濛的，來了很多消防車和警察，叫大家往樓下疏散。」他則不能從前後的句子，理解文字之外未直接言明的隱含意義，也就是：子翔閱讀完文字後，不能運用推理的能力，解決「為什麼」的問題，以獲得有意義的解釋。顯示他的文字推論能力遠不如圖畫推論能力。

策略 3-5-1　選用連環圖畫輔助推論能力

　　由於子翔是個圖畫推論能力較佳的孩子，因此，善用其優勢能力來補足其不佳的能力。親師可尋找一些連環圖畫題材，剛開始以三或四張圖片就好，讓子翔分別就每張圖畫敘說其內容，並寫在不同的紙張上，聯合數張連環圖畫的內容，就可完成一個較完整且有意義的文字段落。然後，試著將圖片與文字紙條的順序都打散，讓子翔進行配對，以確認其文字的內容與圖片配對的合理性。

策略 3-5-2　運用聽覺練習發展推論理解的能力

　　除了運用圖畫外，可進一步運用聽覺訓練的方式。讓孩子多聽敘述性情節的錄音帶，鼓勵學生在聽的過程中，用心思考與想像所聽到的內容，將所聽到的訊息想像成眼睛所看到的情形，也就是鼓勵孩子在腦中形成視覺化的空間圖，有效的將文字訊息組織與連結整合在一起。

策略 3-5-3 把文字畫出來

　　在閱讀過文字後，鼓勵孩子用筆把文字的敘述畫出來，透過將文字轉化成視覺化的圖形，就是協助孩子將所閱讀的內容在心中形成圖畫式的印象，經常練習，可讓孩子漸漸養成在閱讀時主動形成心像圖的能力，這樣也有助於推論理解的增進。此外，親師也可以教導學生在心中建構一個空間，再將需要記憶的材料依照順序擺在這個空間的某個位置上。

 問題分析 3-6：缺乏猜測及預測的能力

　　子翔在閱讀時，對於重要的關鍵詞彙，未能做到猜測或預期可發生的事件結果之間的連結，有時對情境的理解與預測的能力也很重要。例如：在文字敘述中「建華去逛書店，把東西遞給店員時，伸手去摸口袋，卻發現什麼都沒有，他馬上露出驚慌的表情。」前面提到逛書店把東西遞給店員，並伸手去摸口袋，極可能是表示他要付錢了，這是一種對情境的理解能力，同時也預測下一步的可能性發展。由於子翔對於建華為何驚慌說不出個所以然，可知子翔缺乏猜測及預測的能力。

 策略 3-6-1 自問自答放聲思考*的技巧

　　鼓勵子翔在閱讀時運用「自問自答、放聲思考」的技巧，當他讀到「天快亮的時候，到處都是煙濛濛的，來了很多消防車和警察，叫大家往樓下疏散。」可自問：為何會煙濛濛的？再自答：可能是起濃

---

*由老師引導的放聲思考訓練請見單元四第 77 頁

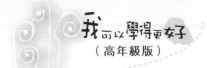
霧，可能是火災，可能是下大雨。再往下閱讀看到來了消防車和警察，則可再自問：為什麼要有消防車？警察為何要來？總之，在如此自問自答放聲思考的過程中，可幫忙孩子主動填補起文章敘述不夠明確或不夠連貫的地方，有助於主動推論理解的能力。

策略 3-6-2　互相討論澄清疑慮

　　若未能主動推論理解，則可借助他人的協助。像是老師、家長或是同學，可在閱讀文字的過程中，互相討論，提出不明白的地方，例如：建華逛書店的例子中，建華為何伸手去摸口袋，發現什麼都沒有後，他為什麼要露出驚慌的表情？他還大喊一聲「糟了！」表示他的心情如何？運用同儕或親師的討論，同樣可使互相討論的過程中達到前面「自問自答」主動推論的效果，進一步「澄清疑慮」，以增進對文章的理解程度，幫助學生對於文字敘述未明確透露的訊息，做進一步的澄清，促進推論理解的能力。

◎ 說明：請根據文字的敘述，選出合適的答案

1. (　)「媽媽要到醫院去了，我就要當姊姊了。」媽媽到醫院去做什麼？
   (1)看病　(2)探病　(3)上班　(4)生產

2. (　)媽媽對哥哥說：「再過半年，你讀國中，就可以自己騎腳踏車上學了。」哥哥現在幾年級？
   (1)國中三年級　(2)國中一年級　(3)國小六年級　(4)國小五年級

3. (　)四處開滿了美麗的花朵，大地一片新意，我們把棉被洗洗晒晒收藏起來。現在應是什麼季節？
   (1)春　(2)夏　(3)秋　(4)冬

4. (　)每逢週休二日，很多人相約出去玩，車子在高速公路上行走，經常走走停停的。為什麼會這樣？
   (1)旅遊　(2)塞車　(3)車輛管制　(4)欣賞風景

5. (　)「半夜時，大家都被叫醒，樓下來了很多消防車。」發生了什麼事？
   (1)水災　(2)火災　(3)地震　(4)颱風

6. (　)「睡到半夜，很多東西都掉下來了，雖然沒有人叫我，我也醒過來了。」發生了什麼事？
   (1)水災　(2)火災　(3)地震　(4)颱風

7. (　)晚上爸爸讀完書覺得很累，就把書房的燈關掉，走進臥室。爸爸可能要去做什麼？
   (1)買書　(2)睡覺　(3)逛書店　(4)看電視

8. (　)姊姊很喜歡百合花，過幾天百合花的花和葉子都枯掉了。下面哪一個敘述較合理？
   (1)百合花是假的　(2)花瓣休息
   (3)姊姊忘了澆水　(4)姊姊想買新的花

參考文獻

李玉貴（1998）。**國小學童線上閱讀故事體文章之推論類別分析研究**。
台北市立師範學院國民教育研究所碩士論文，未出版，台北市。

林慧芳（2001）。**國小六年級低閱讀能力學生工作記憶與推論能力之研究**。國立彰化師範大學特殊教育學系碩士論文，未出版，彰化市。

陳沛嵐（2001）。**文章中的因果架構對國小四、六年級學生閱讀表徵之影響**。國立中正大學教育學研究所碩士論文，未出版，嘉義縣。

趙永芬（譯）（2003）。蘿拉・羅伯原著。**中學生閱讀策略**。台北市：天衛文化。

單元四

後設認知*導向
的閱讀策略

柯志恩

---

*後設認知指自我監督，詳細解釋請見本書導論第 3 頁。

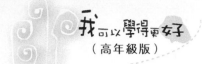
個案 雯琳

　　雯琳個性開朗活潑，學業成績表現中等，升上高年級後，閱讀的分量越來越重，她不排斥讀課外書籍，但往往讀完一千字左右的文章後，就忘了整篇的主旨為何。面對學校的閱讀測驗考試，她往往在作答時，需不斷回頭去找答案，有時甚至得從頭再看好幾次。遇到內容有多個相關概念一起出現時，她完全不知該如何整理出一個清楚的結構，只覺得頭很昏，眼睛很累，眼球不斷在轉⋯⋯。有一次，學校的語文競試，出現了下面的閱讀內容，雯琳整個人呆掉了，完全不知裡面那麼多的文字到底在講什麼？即使是簡單的文章，她也須重複看幾遍才能下筆作答。在打鐘之前，她仍無法完成所有的題項⋯⋯。

短　文

　　1979 年德蕾莎修女訪問澳洲時，一位年輕修士希望能跟隨在德蕾莎修女的身旁，學習真理。但修女總是被一群人包圍著，他根本沒有向修女單獨學習的機會，眼看著修女就要離開，前往新幾內亞了，修士終於鼓起勇氣向德蕾莎修女說：「如果⋯⋯我自行負擔飛往新幾內亞的旅費，是不是可以坐在您的身旁，藉由與您交談而獲得一些教導呢？」修女看著他說：「你有足夠的錢可以支付旅費嗎？」他趕緊回答說：「是的，我有。」沒想到，德蕾莎修女卻說：「那麼，就把你的錢捐給那些貧苦又需要幫助的人吧！從他們的身上，你可以學到比我的言談中更值得學習的真理。」

---

1. （　）德蕾莎修女訪問澳洲的行程結束後，她要繼續前往哪個
　　　　　地方？
　　　　　(1)衣索比亞
　　　　　(2)新幾內亞
　　　　　(3)奈及利亞
　　　　　(4)保加利亞

2. （　）年輕的修士為什麼想跟隨在德蕾莎修女的身旁？
　　　　　(1)他想被人群包圍
　　　　　(2)他想跟修女去旅行
　　　　　(3)他想向修女單獨學習
　　　　　(4)他想幫助那些貧苦的人

3. （　）短文中，德蕾莎修女所說的最後一段話，最主要的用意
　　　　　是什麼？
　　　　　(1)修士跟隨著她，就能學到真理
　　　　　(2)只要修士支付旅費，自然就學會真理
　　　　　(3)在幫助別人的過程中，才能體會真理
　　　　　(4)修士必須捐錢給貧苦的人後，才能跟隨她

（文章摘自「台灣學生學習成就評量資料庫」國語科六年級樣本測驗
　http://tasa.naer.edu.tw/ExamList2005byTASA/C_Exam.htm）

綜合問題診斷

🦟 雯琳看完一篇文章，無法釐清文章結構，分不清內容主旨為何，
　　在回應測驗題項時，無法確切回答，甚至對於問題內容產生極度
　　的困惑。

🦟 雯琳對認知的負荷量有限，訊息過多時，無法消化吸收，所以需

要不斷回顧前文來喚醒已唸過的內容，對於所看過的文字，徒留「彷彿依稀」的感覺。

🪰 雯琳在閱讀時，無法分辨概念間的關聯性，當一篇文章呈現兩個以上的因果問題時，便容易產生混淆，看到問題，往往容易會錯意，做出錯誤的選擇。

🪰 雯琳也可能在很多不相關的概念中，無法區分出主要的重點來，導致這個結果的原因，可能是她利用聽覺或視覺系統學習時，無法有秩序的儲存所吸收到的知識。因此，看到題目時，無法立即回答出來。

🪰 時間掌控不佳。雯琳缺乏計畫能力，不知如何分配時間比重，更明確的說，她不知道自己閱讀技巧的優劣點，無法根據自己對能力的覺知，在每個問題的時間花費上，做出適當的調配。

 問題分析 4-1：抓不住問題主軸

中年級的閱讀大都以記敘文為主，結構較為明確，且大都遵循「開頭─經過─結尾」的模式（參見《我可以學得更好中年級版》單元三閱讀賞析），學生只要掌握基本訣竅，要理解並不困難。上了高年級，文體的結構變得較為複雜，即使是記敘文，在經過（或中間）部分，會呈現兩個概念以上的組合，開頭及結尾也不那麼平鋪直敘，如「開頭─經過─結尾」的模式，或「背景、細節、變化、結論」的結構不再那麼明確，學生往往抓不到文章的主軸，即使瀏覽過一兩遍，仍無法準確的回應問題。

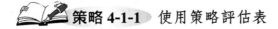 **策略 4-1-1** 使用策略評估表

面對閱讀問題，教師除了可採前文所提的「整合」、「摘要」、

「詳細論述」及「推論」策略（參看本書單元三）外，在學生的思考解題歷程中，教師還可以教導學生使用瀏覽、放慢速度、活化及圖示等策略，詳見表 4-1-1。

表 4-1-1　策略評估矩陣表

策略	如何使用	何時使用	為何要用
瀏覽	尋找標題、重點字、預覽及大綱	在做更精確閱讀前	提供大方向性的理解且能聚焦
放慢速度	停止、讀及思考相關訊息	當訊息看起來特別重要時	強化一個人的注意力
活化先備知識	暫停、思考自己已懂的，並自我詢問什麼是自己不懂的	閱讀前或針對不熟悉的題材	讓新的訊息容易被學習及記憶
內在整合	連結相關概念，使用這些概念構成一個主軸或結論	當學習一個較複雜的訊息或需要更深度了解內容時	降低記憶負荷，促進較深層的理解
圖示	確定主要概念，在每個主概念下，條列各項次概念並作連結	當有許多交互相關的事實訊息時	幫助確定主要概念，將他們分組歸類降低記憶負擔

策略 4-1-2　自我詢問

　　問問題或自我詢問策略是另一項有效提升學習者閱讀能力的方式。自我詢問可以在閱讀進行之前、之中及之後用來引導學生的表現。透過自我詢問可以加強學生的自我覺知及控制思考，進而增進學習表現；它也可以改進學生在知識及技巧的長期記憶；加強學生在應用及遷移知識與技巧的能力；同時隨著學習表現的提升，它也可以改進學生的學習態度與動機。有關自我詢問的研究指出，由學生自己提

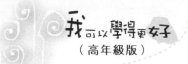

出問題會比由別人提出問題回答來得有效。老師應示範如何進行自我詢問，並且與學生討論如何在學校及日常生活中進行自我詢問。老師可以用「計畫」、「監控」、「評估」作為自我詢問的重點範疇（詳見表 4-1-2）。

　　譬如教導學生自問：「我是否忘了任何重要的訊息？」就可以幫助學生自己引導自己找出有哪些重要的部分被遺漏了。老師也可以問學生：「你是怎麼準備考試的？」「你要如何計畫唸這篇文章？」「我是否搞清楚這篇文章的內容？」「哪一種閱讀的方法對我最有效？」讓學生在不同情境下學習自己形成及採用自己的問題。當學生練習得愈多，他們愈容易養成自我詢問的習慣，最後他們會在有需要時自動而無意識的使用出來。如果學生不能夠自己獨立進行的話，老師可以讓學生先配對或以小組方式進行。當學生提出自我問題及回答時，老師可以在旁邊聆聽，並給予回饋。老師也可以鼓勵學生把他們自己所提出的問題列出一個清單，激發他們在特定情境中問一些不一樣的問題。同時老師應提醒學生在學習學科或進行任務時要運用自我詢問，而且不要把問題的形式給固定下來。

　　在閱讀課程中，老師可根據表 4-1-2 來帶領學生自我詢問。

表 4-1-2　閱讀的自我詢問策略

主題	計畫	監控	評估
閱讀	—我對這主題已了解多少？ —我期望從這次的閱讀中學到些什麼？ —我想花多少時間在這次閱讀上？	—這中間是否有我不懂的地方？ —我可否自己搞清楚？ —哪一個概念最重要？ —我要如何把我目前所讀到的給記下來？	—我是否了解並記得我所讀的？ —目前是哪種閱讀策略對我最有效？ —下次我該用什麼方法讓我更容易理解？

問題分析4-2：抽象邏輯困難

　　許多聰明的學生在學習新的事物時，常常沒有辦法從很多不相關的概念中，區分出主要的重點來。導致這個結果的原因，可能是當他們利用聽覺或視覺系統學習時，無法好好的處理他們所接收到的概念。當整個記憶廣度無法負荷時，他們需要額外的支援系統來幫助他們記住更多的訊息，或是在日常的教學活動中提供學生擴增記憶廣度的訓練。當他們能夠有秩序地儲存所吸收到的知識時，他們才能輕易地再次取出及使用這些知識。

　　一般而言，有抽象邏輯困難的學生，通常還未穩固地建立起比較和分類的技巧，並且不是真正的了解時間順序的差異。

策略 4-2-1　連結策略

　　為了幫助有吸收障礙的學生，教師應該減輕他們的記憶負擔。過多的字、過快的說話速度，或是過度大聲，都只會加重學生的問題。

　　教師可先由姿勢和標記開始，然後再推移到認知發展的每個階段。教師能了解什麼樣的字對學生會產生意義，他們可以掌握多少字，多長的句子他們能夠記得，還有他們是否可以將這篇文章中的字，適當的用到其他內容裡。

　　教師應該確定他們懂得轉換同義的語詞，像是「如果」、「除非」等等的詞。

　　經常鼓勵學生在聽到句子時，也能夠同時產生視覺影像，來協助他們了解其中的意義。

　　教師可能需要幫助他們儲存字彙，還要指導他們了解一些成語、俚語的意思，以及訓練傾聽的技巧。學生也需要不同速度、短的、經

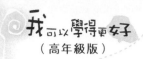

常性的閱讀，以及理解能力的特殊訓練。簡略而言，教師在課堂可以

1. 幫學生連結愈多的字愈好，反義字、同義字、同一類的字等等。

2. 在生活中，多使用一些標記，讓學生有機會多接觸文字。

3. 讓學生儘量去面對不同的經驗，了解每種經驗會使用哪些字彙。

 **策略 4-2-2** 分類與比較練習

在課堂中，教師提供學生實際的練習讓學生去分類、記憶、選擇、比較和描述。

練習 4-2-2 分類與比較練習──超級市場

◎ 想像你到超級市場去買東西,把你所看到的東西,根據指示做以下的分類
  與比較。

範例

> 標記:油、醋、洗碗精、甜瓜。
>
> 兩個字:蔬菜、水果、麵包。
>
> 分類:澱粉、調味品、罐頭食品、新鮮食品。
>
> 比較:新鮮馬鈴薯、愛達華馬鈴薯、冷凍馬鈴薯。
>
> 類推:梅子─梅子乾、葡萄─葡萄乾。

　　現在你要準備明天的野餐,請你挑選足夠的麵包、調味料、飲料、
六人份的餐具和紙杯,根據上述例子做出你的分類比較,並做出口頭
描述。

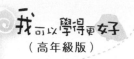
 問題分析 4- 3：無法區辨概念間的關聯性

　　閱讀時，無法分辨概念間的關聯性，當一篇文章呈現兩個以上的因果問題時，便容易產生混淆，且在很多不相關的概念中，無法區分出主要的重點來，導致這個結果的原因，是他利用聽覺或視覺系統學習時，無法有秩序的儲存所吸收到的知識。因此，看到題目時，無法立即回答出來。

策略 4-3-1　聽知覺與視知覺的訓練

　　教師可透過文章段落的分析，協助學生釐清概念間的因果關係（參見《我可以學得更好中年級版》單元三閱讀賞析之策略 3-4-3，頁 67 至 68）。至於聽知覺及視知覺的訓練，則請參看下面 4-3-1 之練習。

練習 4-3-1　聽知覺與視知覺的訓練

◎ 請閱讀下面的文章，聽老師指示再翻頁回答問題，不可翻回來看

　　有一隻豹和一隻狐狸約定：不管誰抓到獵物，都要一起分享。有一天，豹對狐狸說：「我到牧場上去看看能不能抓到羊。」

　　豹到了牧場，衝進羊群裡，叼了一隻羊就跑。幾隻牧羊犬把豹咬得遍體鱗傷，但豹總算保住了獵物，逃了回來。豹想：「我為這隻羊付出那麼大的代價，我應該自己留著。」於是豹對狐狸什麼也沒說。

　　狐狸問：「叼到羊了嗎？你怎麼受傷了？」

　　豹說：「太危險了！什麼都沒叼到，我反被牧羊犬咬了好幾口。」

　　狐狸根本不相信豹的話，心中暗想：「好，看我怎麼修理你！」

　　狐狸發現一個走私販的地窖裡有許多蜂蜜，狐狸對豹說：「我發現了一個藏有許多蜂蜜的地窖，而且無人看管，過幾天我們一起去。」

　　隔天，狐狸獨自去了地窖，把那裡的蜂蜜全部吃光。

　　第二天，狐狸對豹說：「我帶你去吃蜂蜜，要不要？」豹身上的傷還沒有好，走路還一瘸一拐的，豹為了吃蜂蜜，還是跟去了。

　　牠們來到了地窖前，狐狸說：「我們已經到了，你走前面，我在後面把風，免得被人發現。」豹就先進去了。

　　走私販們發現自己的蜂蜜被偷吃完了，正在地窖旁守著抓小偷！當豹發現罐子上沾有蜂蜜，豹忍不住伸出舌頭舔起來。就在這時，走私販們一擁而上，揮舞棍棒，把豹打得滿頭包。

　　看到豹被揍得滿地打滾，狐狸站在遠處幸災樂禍地笑了。

請聽老師指示後再翻頁

✏ **練習 4-3-1　聽知覺與視知覺的訓練（續）**

看完這個故事後，<u>請將答案告訴你的老師</u>：

1. 這個故事有哪些主角？

2. 故事開始的時候發生了什麼事？

3. 牠們之間發生了什麼事？

4. 這個故事要告訴我們什麼？

5. 看完這篇故事，請你取一個最能代表故事內容的名字。

 策略 4-3-2 放聲思考策略

　　幫助學生澄清概念的方式很多，其中一項是放聲思考。它是把個人在進行閱讀時的思考歷程給外顯出來的一種技術。思考者把他在進行任務（如：解決問題、閱讀筆記或教科書等）時所有的想法與感覺都說出來。這種方法可以用在老師、訓練者身上，或是兩個學生一起做，也可以單獨一個學生自己做。當兩個學生一起進行放聲思考時，其中一人要當思考者，另一人則當聽者。思考者要把在進行任務時所有的想法都說出來；聽者則要很積極的去了解思考者說些什麼，檢查話裡面的正確性，找出錯誤的地方，並且讓思考者不斷的放聲思考。

　　教師也可要求兩個學生做配對練習，自己當個傾聽者的角色。

　　以下是教師在配對問題解決法中所應遵循的要點：

1. 跟著學生思考，跟著他所說的每一個步驟，並且確定聽懂他所說的每一個步驟。如果不懂，要提出問題來。讓學生確認每一個重要的名詞、變項、規則及步驟等。確保學生所有步驟及所有工作都有說出來。

2. 不要自己解這個問題。要聽學生怎麼說，跟著他的說法來解題。

3. 不要讓學生跑在前面，如有必要，請他等一下，檢查完這個步驟後再繼續下去。如果學生說得太快，請他減慢速度，自己可以仔細、正確的跟進。

4. 檢查每一步驟。為了激發正確的思考，教師可以讓學生把每個重要的名詞及變項下定義。

5. 如果發現了錯誤，不要自己修正它，把它指出來，讓學生自己去修正它。如果學生的思考卡住了，可以問他問題，引導他到正確方向。如有必要，給他一些建議、提示，或是給部分的答案，只有在最後階段才可以給答案。讓問題解決者知道教師只是在幫助他成為一個獨立的問題解決者。如果沒有什麼建議可以幫助思考

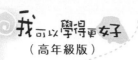
者而又必須提供一些訊息時，可以設計一個類似的題目，讓學生再繼續進行放聲思考。讓學生知道在進行這些事情時，老師並不是在挑剔或是批判，只是在幫助他成為更自我導向的學習者，以及幫助他發展重要的知識、技巧及態度。

在進行放聲思考時也有一些限制。要了解如何有效使用放聲思考，必須把學生對可能面臨不同型態問題的覺知性也考慮進去，所以當學生面對問題時，他們可能會避免問題的發生，也可能無法解決問題。以下幾個因素可能會造成學生的困難：對於學習內容不夠熟悉；字彙能量有限；學生的文化背景讓他不願意分享個人的想法；思考與傾聽比敘述來得快。

當有了放聲思考這種策略性知識後，學生會更願意去使用它，因為在了解了策略使用情境後，或是在了解為什麼它是個有用的策略後，會讓它更有意義；也因為在具有這種程序性知識後，學生知道可以在不同的情境下該用什麼方法來進行。這個策略能使個人具有較佳管理自我認知技能的能力，多項證據顯示透過課堂中的教導及練習，學生是能運用這些新技能來提升表現的。

以下頁練習 4-3-2〈藍染節〉為例，當學生困惑於「藍染沒落的原因時」，教師可以詢問學生：「對於這個問題，你怎麼想的？為什麼這麼想？」要求學生把所想的所有內容都說出來。譬如：「好了！我看到沒落，我就想到新的技術進來了！現在我有了答案，可是我看到所列的解答又好像不是這樣，我就想再回到文章看看我的答案到底和它寫的有什麼不同。」教師鼓勵學生把所有在思考以前、之中及之後的想法全都說出來。說的內容必須包括你打算做什麼？什麼時候該做什麼？為什麼要做這一步或不要做這一步？要如何進行每一個想法？譬如：「我想我應該先放慢速度把較麻煩、較複雜的關係搞清楚。不！或許我應該用我們今天上課老師新教的方法來想。」

藍染節

　　台北縣三峽鎮有個很特殊的節日叫做藍染節。所謂的「藍染」是一項歷史悠久的傳統染布的技藝。三峽早年為藍染的原料植物──馬藍（俗稱大青）的產地，因而發展出藍染技藝。

　　早年三峽街上的染坊林立，居民用大青染布，利用三峽溪漂洗、運送染布。然而，藍染後來卻在化學染料的衝擊，以及交通重心的轉移下而沒落。如今隨著環保意識逐漸抬頭，以及文史工作者努力之下，藍染的歷史與技術已逐漸在復興中。

1. （　）藍染與三峽老街沒落的原因？

　　　　(1)化學染料的衝擊

　　　　(2)文史工作者的努力

　　　　(3)環保意識逐漸抬頭

　　　　(4)三峽老街不再有人群聚集

2. （　）什麼是藍染？

　　　　(1)一種失傳的傳統技藝

　　　　(2)一種化學染料技術

　　　　(3)其原料為大青

　　　　(4)需要有湖泊的水資源才能完成

單 元 五

後設認知的
寫作策略

陳鳳如

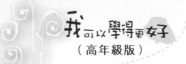
　　寫作是一個複雜的認知歷程，涉及的相關知識頗為繁複，它包括了寫作主題、讀者、寫作計畫的知識，以及寫作歷程的策略，因之，寫作可以說是一種策略運用和思考問題的歷程。

　　國內外有關寫作教學，從過去的範文、練習寫作、教師批改，焦點放在學生寫作成果的評鑑之「成果導向」的寫作教學，轉而強調寫作策略和過程的教學，企圖介入學生的寫作歷程，指導寫作的策略，適時引導學生寫作時該如何做，以改善寫作技巧，提供學生過程性的協助。以下將從案例的概述、問題的分析與診斷著手，進而擬出一些有效的寫作過程性策略，提供家長和老師們做參考。

個案一　小華

　　小華看著黑板上老師訂的作文題目「我的學校」，接著他依循老師的提示，針對學校座落的位置、周邊的環境、校園景觀與設備、學校的師長、學生來源與素質、校園文化等方面，分別描述自己所就讀學校的特色。他咬著筆桿，寫寫停停，最後終於寫完老師提示的重點。小華的作文內容寫著：我的學校座落在市中心區，周圍商店林立，交通非常的方便。我的學校環境優美，學校的設備新穎，老師們教學都很認真，學生素質也很高，是一所很棒的學校。

綜合問題診斷

　　小華最大的問題在於對寫作題目未能清楚的設定寫作目標，所以老師提供的寫作內容提示照單全收，依循老師所提示的重點做詞語接龍似的，加上一點形容後，就連接起來。所以寫作內容看起來好像該寫到的內容都寫了，可是卻又輕描淡寫到好像未能給人留下任何的印象，看不出文章的內容重點及特色在哪裡。其次是缺乏寫作前的計畫策略，對於自己要寫什麼、想寫什麼，未能針對個人的情意、感受及

特色來加以立意取材及組織規劃。

問題分析 5-1：未能根據寫作題目設定寫作目標

　　小華在獲知寫作題目後，未能針對寫作題目做仔細的思考，自然就無法掌握與寫作主題有關的重點及選擇適當的寫作材料，進而表現自己的寫作風格或表達自己的思想觀點。寫作計畫中的「目標設定」，亦即「審題」與「立意」的過程，是指根據寫作的目的和讀者對象，設定自己寫作的撰寫方向、寫作風格和筆調，以引導寫作計畫的執行。在寫作之初，設定完整明確的寫作目標，可提供清晰的寫作指引。

策略 5-1-1　引導寫作審題的發問技巧

　　教師可引導小華思考寫作的重點提示中，首先他感觸最深、最想表達的學校特色是哪一項，其次又是哪一項，逐一過濾、擇要出個人較有感觸及想法的重點。

　　當然小華也有可能回答說：我覺得我們學校沒有什麼特色吧！對於這樣的學生，教師可以先分享自己覺得學校最有特色的部分，再詢問學生的看法。如果學生還是沒有什麼感覺，則可以設計一些體驗課程或實地做一趟校園導覽，再引導小華或其他同學的發表分享，進而誘發其對某一項特色延伸聯想出可以寫作的素材。

策略 5-1-2　練習針對各種不同寫作對象、寫作任務及寫作目的書寫

　　根據美國全國教育進展評量，在設計寫作評量作業或任務時，將寫作目的分成三類，即敘述性寫作、資訊性寫作和說服性寫作。敘述性寫作鼓勵寫作者結合個人的想像和創造力於故事或有關的短文，這

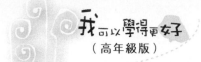

類寫作要求仔細觀察人、事、物和地方，類同於記敘文體；資訊性寫作的目的在提供讀者資訊，如分享知識，傳遞訊息、指示和觀念，也包括事件和經驗的報告，或觀點和關係的分析，如報紙文章、報告和信件，類同於說明文體；說服性寫作的目的在於說服讀者採取行動和帶來改變，此類寫作包含大量的資訊，如事實、細節、例子、比較、統計數據等，類同於議論文體。

　　教師可以選擇一些針對不同寫作對象、不同寫作題材和風格，所呈現的文字、圖形、故事、插畫或卡通等，讓學生判斷應屬於何種類型的寫作目的、為誰而寫，以練習設定寫作目標的能力。進一步設計一些寫作情境，讓學生實際練習如何因應不同的寫作對象、目的、題材和風格，設定不同的寫作目標來寫作。

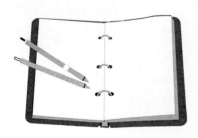

練習 5-1-2.1　寫作目標的設定──你為何而寫？

◎ 說明：請學生根據下列的寫作主題和說明，判斷是屬敘述性寫作、資訊性寫作或說服性寫作。

1. 主題：總統的第一天

   說明：想像某天早晨醒來時，發現自己變成了國家元首──總統，寫一則關於你第一天當總統的故事。

2. 主題：介紹一本好書

   說明：如果請你為同學介紹一本好書，你會選擇哪一本書？寫一篇短文介紹這一本書，並說明為什麼這本書值得推薦。

3. 主題：對於「國中基本學力測驗將加考寫作測驗」的看法

   說明：自 2007 年起，國中基本學力測驗將加考寫作測驗，成績並列入計算。請寫一封信給教育部長，表達你贊同或不贊同此項政策。內容務必提出詳細的理由支持你的論點以使人信服。

4. 主題：我的學校

   說明：請你為一位來校參觀的貴賓介紹你所就讀的學校。你可針對學校的特色加以發揮，務必盡你所能的展現你的文筆及口才，使對方能完全了解及認識你的學校。

5. 主題：謙虛與驕傲

   說明：俗話說：「謙受益，滿招損」，謙虛與驕傲是一對立關係。請至少舉一個你所知道的事件、故事，或發生在自己身上的實例，說明「謙虛與驕傲」的相對關係，並論述這個事例帶給你的啟示。

答案：

1.敘述性寫作；2.資訊性寫作；3.說服性寫作；4.敘述性寫作；5.說服性寫作

◎ 說明：下列兩則短文，請學生閱讀完後，判斷哪一則是為成人讀者而寫、
哪一則是為兒童讀者而寫。

第一則：根據心理學家的說法，小學四年級的時候，孩子的體能已有
長足進步，喜歡劇烈活動，像「奪寶」遊戲、「官兵捉強盜」
啦！男孩子開始不喜歡童話式的幻想，卻又喜歡把自己想成
英雄人物，要有一番轟轟烈烈的作為！女孩子裝出媽媽的樣
子，管理教室，講求紀律。他們能夠關心團體榮譽，強調友
誼，幫助弱小。有時候會偷偷喜歡上異性朋友，但對於與異
性朋友交往的同學則加以嘲弄。這個年紀，已經有了一些人
生的矛盾和煩惱！

第二則：升上四年級的第一天，我從床上醒來，想到的第一件事，就
是「我長大了」。可是長大代表的意義，是應該高歌一曲以
示慶祝，還是應該為漫長的未來開始擔心呢？想到這裡，十
歲的我望著鏡子裡的自己，忽然有些感傷。當我正在為這個
偉大的人生問題百思不解時，媽媽的聲音從客廳傳過來：「快
去刷牙洗臉尿尿，上學要遲到了。」這就是我的第一個感傷
——媽媽還以為我永遠是三歲娃娃。對於我將來想當漫畫家
的志願，媽媽說：「看漫畫的孩子會變壞。」所以，我最大
的煩惱就是：媽媽對我很煩惱。

（以上兩則短文修改自王淑芬著《小四的煩惱》，2000 年出版。台
北：小兵出版社。）

答案：
第一則是為成人讀者而寫，第二則是為兒童讀者而寫。

問題分析 5-2：寫作內容資料不足及缺乏產生文思的策略

　　小華的寫作看起來好像該寫到的內容都寫了，可是卻又輕描淡寫到好像未能給人留下任何的印象，看不出文章的內容重點及特色在哪裡，這是因為寫作資料不足導致的內容貧乏。有關的寫作內容資料不足的問題，單是給了與題目有關的重點提示，仍無法解決其寫作的問題，須從寫作前的準備階段、寫作中的計畫階段，提供產生文思的策略。

 策略 5-2-1　做好寫作前的準備

　　關於寫作題目的資料不足，可於寫作前先行閱讀有關的文章，或蒐集寫作該篇文章所需的材料，或由教師帶領學生從事親身體驗的探索活動。如果對於寫作題目的素材，腦中千頭萬緒，則可運用寫作思考單、腦力激盪、自由聯想、親身體驗、敏銳的觀察、平日的筆記資料等方式，將寫作題目有關的內容羅列出來。

 策略 5-2-2　引導寫作計畫的發問技巧

　　針對學生所羅列的特色，進一步提問：就這項特色，可以舉些什麼具體的實例來佐證，而後接著想描述的學校特色又是什麼。如此循序漸進、抽絲剝繭的引導，將可協助學生就各項特色加以詳述。

 策略 5-2-3　增進寫作內容的組織策略

　　在寫作計畫階段，教師可運用小組討論或寫作的結構組織表，協助學生擬訂寫作大綱，將蒐集到的寫作材料加以條理的規劃。

練習 5-2-3　分歧聯想與連鎖聯想之結構表練習

◎ 說明：教師引導學生進行字詞的分歧聯想與連鎖聯想。

- 字的連鎖聯想：利用兩個有意義的單字，如：「上下」，「下」當作刺激字，而聯想到「下課」，再由「下課」的「課」想到「課文」，由「課文」的「文」想到「文章」，如此一直聯想下去。例：上下→下課→課文→文章→……

- 詞的連鎖聯想：利用兩個有意義的單字，如：「上下」，把「上下」當做刺激詞，由「上下」想到「左右」，再把「左右」當做下一個反應的刺激詞，「左右」聯想到「前後」，依此類推，一直聯想下去。例：上下→左右→前後→高矮→……

- 字的分歧聯想：利用兩個有意義的單字，如：「上下」，把「上」作為刺激字，聯想其他由「上」作為第一個字的二字詞。例：上下、上課、上床、上面、上午……

- 詞的分歧聯想：兩個有意義的單字，如：「上下」，把「上下」做為刺激詞，由「上下」聯想到「左右」，再由「上下」聯想到「前後」，再由「上下」聯想到「一致」……。

- 接著，教師再引導學生針對寫作主題進行觀念上的連鎖聯想與分歧聯想比賽，擬成更豐富、更精緻的寫作材料。教師引導學生做完連鎖聯想與分歧聯想後，學生針對主題，運用此兩種聯想的方法將有關的寫作材料加以延伸聯想及條理組織，完成分歧聯想與連鎖聯想結構表。如：寫作題目是「夏天的聯想」，下頁即是利用分歧聯想與連鎖聯想之結構表所完成的寫作綱要。

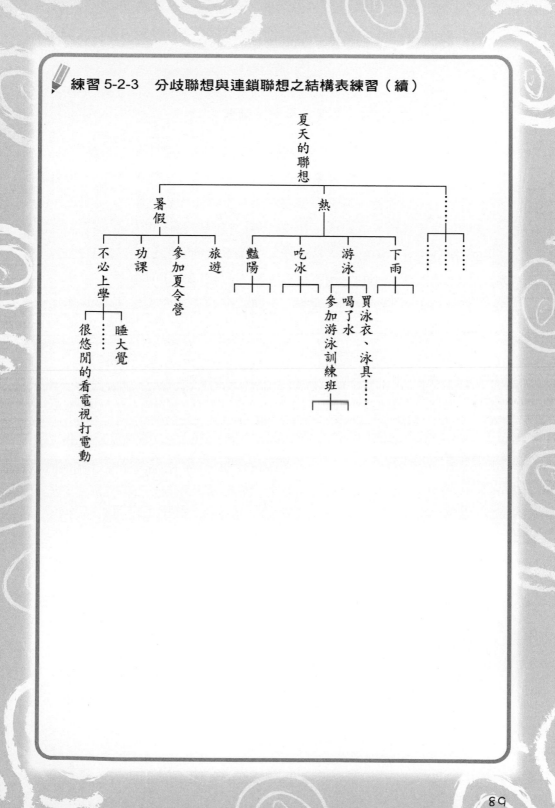

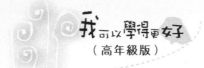
📖 **策略 5-2-4** 提供產生文思的策略

　　在寫作階段之產生文思的歷程，可透過曼陀羅的思考策略，協助學生從寫作題目，發揮豐富的想像力，延伸思考寫作的內容。曼陀羅來自梵語，是佛教法具之一，它是聚合眾多事物形成中心，以此中心衍生某種意義世界的結構。在寫作時，利用曼陀羅的方式，將寫作主題做擴散性、放射性、水平思考，或做聚斂性、分析性、垂直思考，在曼陀羅生活筆記的九個區塊寫下與主題相關的任何事項，從四面八方來針對主題審視，再由與中心主題相關的想法或素材向四面擴散，形成一寫作主題的網絡。如下頁所示：

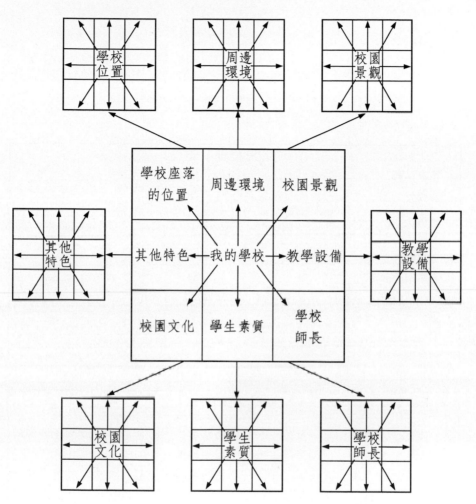

亦可由中心主題以順時針方向，逐步思考至最後結果的思考方式。

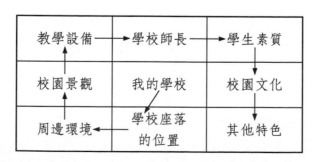

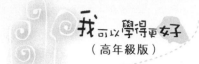

策略 5-2-5　提供寫作計畫的策略

　　對於缺乏寫作之計畫策略的問題，可透過寫作歷程或寫作步驟的提示，或運用寫作計畫思考單來條列寫作的大綱及細目，協助學生有系統的完成寫作任務。

寫作歷程提示卡

1. 計畫階段
   (1)確定題目的主旨、範圍及鎖定寫作的中心思想
   (2)蒐集寫作題目有關的材料，並加以閱讀
   (3)擬寫大綱
   (4)根據寫作大綱進行段落的安排及寫作材料的組織
2. 下筆寫作階段
   ・減少拼字、文法、標點等負荷，先完成全文的梗概
3. 閱讀及修改階段
   (1)自行閱讀
   (2)修改文章

寫作步驟的提示

第一步驟「注意提示」，藉著「(1)寫作提示要求你寫什麼？(2)如何發展你的文章？」兩個問題協助學生對主題做完整的思考。

第二步驟「列出主要想法」，學生針對寫作主題，以腦力激盪方式想出至少三個主要想法，或利用曼陀羅思考策略，用以發展文章內容。

第三步驟「加上支持的想法」，學生要為每個主要想法加上至少三個細節、例子或說明。

第四步驟「將想法排序」，提醒學生將主要想法排序。

第五步驟「從已完成的計畫單發展主題陳述」，提醒學生將計畫上的主要想法轉換成主題句。

第六步驟「記住寫作目標」，持續寫作時的計畫提示。

第七步驟「在每一段落中包含轉折語句」。

第八步驟「試著使用不同的句型」。

第九步驟「使用刺激、有趣、高價值的詞彙」。

個案二
小美

　　小美每一次寫完文章後，就交給老師評閱，從來沒有自行閱讀、檢核及修改的習慣，所以寫出來的文章常有文意前後矛盾、文句不通順、缺漏字及錯別字等問題。即使老師要求其檢查及修改自己寫完的文章，她也是草草唸一唸，不知如何進行檢查及修改。

 綜合問題診斷

　　小美最大的問題在於對自己所寫文章，長久以來沒有自我閱讀的習慣。因此，即使老師要求其閱讀、檢查，她也無法站在讀者的立場，假想自己是文章的讀者去分析、判斷讀者已經知道什麼、還不知道什麼、期望知道什麼等，所以有關文章內容哪些可以略寫、哪些應該詳寫，小美均百思不解。這是因為她缺乏讀者覺察的能力，以及對自己所寫內容缺乏後設認知的監控能力。

問題分析 5-3：缺乏自我閱讀及檢查的習慣

　　小美從開始寫作文章以來，就以為文章寫到足夠的篇幅，完成文章寫作以後，即可交差了事，接著評閱文章好壞的工作就是老師的責任了，自己完全做不了主，也不知如何著手檢查。所以，小美每次好不容易絞盡腦汁、七拼八湊的把文章寫完後，總是如釋重負般的把寫作簿一闔，就以為自己的寫作任務已經大功告成了，從來不再進行閱讀及檢查。

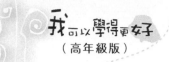

策略 5-3-1　培養自我閱讀及檢查的習慣

　　寫作內容大致完成後，鼓勵學生自己大聲閱讀，甚至可以錄下自己的閱讀聲音，再播放來聽，以刺激自我的省思及檢查。亦可大聲唸給同學聽，令其提供回饋、提出疑問處，增進學生對讀者意見的了解，促進其修改能力。或可透過同儕互動、小組討論，進行寫作內容的閱讀及檢查工作。

策略 5-3-2　提升讀者覺察的能力

　　當學生已養成寫作文章完成時的閱讀習慣後，接著學生常遭遇的問題就是，讀完自己所寫的文章後根本找不出問題及錯誤在哪裡。這個問題的原因乃在於學生缺乏假想自己是讀者的能力，去想像、體會讀者可能讀不懂或內容有寫不清楚的地方，或有重要的細節被遺漏了，導致讀者理解失敗的部分。關於這個問題，可以選用一些閱讀自己寫作產品的檢核表，透過一系列檢核項目的檢查和省思，幫助學生假想自己是一位讀者來閱讀，逐句判斷自己所寫內容是否恰當，並將判斷結果依照檢核表的指示，將該句選用適當的色筆加以標示，針對已完成的文章內容進行自我的評估與監控。

閱讀寫作文章檢核表

- 我所寫的內容皆正確無誤且合宜（標示紅色的線）。
- 我覺得這個部分不是很有關（標示黃色的線）。
- 我想，這個部分有重要的細節被遺漏了（標示綠色的線）。
- 讀者可能會覺得這裡寫得不清楚（標示藍色的線）。
- 這個部分寫在這裡似乎不恰當（標示紫色的線）。

練習 5-3-2　讀者覺察能力的練習

◎ 說明：教師引導學生參考下述的檢核項目，逐句判斷文章內容是否恰當，
　　　　並將判斷結果依照下述的指示，在該句子的底線選用適當的色筆加
　　　　以標示，以進行文章的閱讀及檢查。

- 若所寫內容皆正確無誤，標示「紅色＿＿＿＿」的線。
- 若覺得這個部分不是很有關，標示「黃色＿＿＿＿」的線。
- 若覺得有重要的細節被遺漏了，標示「綠色＿＿＿＿」的線。
- 若覺得讀者可能會覺得這裡寫得不清楚，標示「藍色＿＿＿＿」的線。
- 若覺得這個部分寫在這裡似乎不恰當，標示「紫色＿＿＿＿」的線。

例如：寫作題目——「我的媽媽」

　　我的媽媽很愛我，對我說話總是輕聲細語，每天臉上總是帶著笑容，個性既溫柔又和藹，所以我也很愛她。

　　她長得剛剛好。我的爸爸也很愛我。

答案說明：

　　此段文字中，「我的媽媽很愛我，對我說話總是輕聲細語，每天臉上總是帶著笑容，個性既溫柔又和藹，所以我也很愛她。」經判斷，內容皆正確無誤，則依上述檢核項目的指示，在該句的底下劃上紅線標示之；而「她長得剛剛好。」經判斷，讀者可能會覺得這裡寫得不清楚，則劃上藍線標示之。因寫作主題是「我的媽媽」，卻突然提到「我的爸爸也很愛我。」評估此句後，覺得這句話與寫作主題不是很有關，就在該句的底下畫黃線。依此類推，逐句評估、判斷後，皆劃上代表該句評估結果的顏色線。

　　我的媽媽很愛我，對我說話總是輕聲細語，每天臉上總是帶著笑容，個性既溫柔又和藹，所以我也很愛她。

　　她長得剛剛好。我的爸爸也很愛我。

問題分析 5-4：缺乏修改的策略

　　小美對自己所寫的文章完成後，既不會加以閱讀、檢查，當然更不會進行任何有關文章內容的修改。其認為文章的批閱及修改，向來是老師的權責，所以她每次寫完文章後，就逕行交給老師去評閱。久之，自然缺乏文章的修改策略。

策略 5-4-1　促進寫作的後設認知策略

　　教師提供學生「自我詢問檢核表」，針對自己或同伴已完成的文章，進行寫作內容的省思及檢查，增進自己的覺察及監控的能力。

自我詢問檢核表

1. 文題是否相符？
2. 取材是否適當？
3. 段落安排是否合宜？
4. 內容觀點是否前後一致？
5. 標點、用字、文法、句型是否正確？

策略 5-4-2　增進寫作的編修能力

　　當學生獨立撰寫完文章作品後，提供並指導學生使用「寫作編修檢核表」，協助其對自己的文章進行修改。

寫作編修檢核表

· 所寫內容正確無誤且合宜的部分，我將不做任何修改（紅＿＿＿）。
· 對於所寫內容不是很有關的部分，我將刪除這個部分（黃＿＿＿）。
· 寫作內容有重要的細節被遺漏，我將增加一些重要的細節加以補充說明（綠
　＿＿＿）。
· 對於讀者可能會覺得寫得不清楚的部分，我將用不同的方式或不同的文字
　來改寫這裡（藍＿＿＿）。
· 對於有些部分寫的地方不恰當，我將把這些部分挪到文章的恰當地方——
　挪到文章的前面一點或後面一點（紫＿＿＿）。

　　透過「閱讀寫作文章檢核表」（見94頁）、「寫作編修檢核表」
等兩套檢核表，提供學生寫作之程序性的幫助。當學生獨力撰寫完文
章作品後，提供第一套「閱讀寫作文章檢核表」，幫助學生逐句判斷
自己所寫內容是否恰當，就已完成的文章內容進行自我閱讀、評估與
監控。而後再就第二套「寫作編修檢核表」的提示，幫助學生依據第
一套檢核表的評估，進行文章內容的修改。

　　此兩套檢核表是一一配對的。當學生覺得「自己所寫內容皆正確
無誤且合宜，將不會對文章做任何修改」；當學生「寫完後已假想自
己是一位讀者閱讀過了，可能會增寫一些地方以精緻寫作內容」；若
學生覺得「所寫部分不是很有關，應該會刪除這個部分」；當學生
「覺得有重要的細節被遺漏了，應該會補寫一些重要的細節」；當學
生認為「讀者可能覺得這裡寫得不清楚，將會用不同的方式或不同的
文字來改寫這裡」；若學生覺得「這個部分寫在這裡似乎不恰當，將
會把這個部分挪到文章的恰當地方」。

　　總之，「閱讀寫作文章檢核表」和「寫作編修檢核表」，兩者相
輔相成。前者協助學生對自己所寫文章內容逐句進行檢核和評估，發
現有不妥適的地方，則透過後者的提示及引導，著手進行文章內容的
修改。

練習 5-4-2　寫作編修能力的練習

◎ 說明：教師指導學生根據下列寫作文章的檢核及評估的結果，進行寫作內
容的修改。例如：

　　我的媽媽很愛我，對我說話總是輕聲細語，每天臉上總是帶著笑容，個性既溫柔又和藹，所以我也很愛她。

　　她長得剛剛好。我的爸爸也很愛我。

修改後的文章內容：

參考答案：

　　此段文字中，「我的媽媽很愛我，對我說話總是輕聲細語，每天臉上總是帶著笑容，個性既溫柔又和藹，所以我也很愛她。」經判斷，內容皆正確無誤，所以不做任何的修改。而「她長得剛剛好。」經判斷，讀者可能會覺得這裡寫得不清楚，不知道是指「媽媽的身材恰到好處」，還是指「面貌長得好」，語意表達不甚明白，有語焉不詳的問題。進一步將其修改為：「她的面貌姣好，有一雙大大、水汪汪的眼睛，尖而挺直的鼻子，小巧如櫻桃般的嘴，模樣真是好看。」或可改成：「她的個子長得很嬌小。」「她長得不高、不矮、不胖、不瘦，簡直是增一分則太胖、減一分則太瘦，身材適中。」至於最後一句，「我的爸爸也很愛我。」評估後，覺得這句話與寫作主題不是很有關，所以將它刪除。

第二篇

數學篇

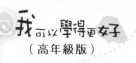

導論

吳昭容

　　延續低年級和中年級版的焦點，高年級版所討論的數學學習問題仍集中在數概念、計算，以及文字題解題上。高年級數學學習有問題的孩子，有不少是根源自中、低年級的乘除概念，或分數、小數基本的數概念。本篇為了與前兩冊的內容有所區隔，並能確實聚焦於高年級教材的學習問題，各單元開頭所舉的案例，多半是具有三、四年級基礎概念的兒童。建議老師或家長在協助孩子學習時，宜參考之前出版的低、中年級版，先確認孩子能理解或解決較為基礎的問題，才進入本篇所討論的題材。

　　本篇各單元的題材是參考九年一貫數學領域的正式綱要，盡量含括五、六年級「數與量」主題分年細目的能力指標。第六單元討論整數在高年級階段的重點——因數、倍數的數量關係，各種運算的律則（如分配律等），以及運用這樣的數量關係與律則進行解題；第七單元討論分數概念與運算，中年級版我們已經討論過基礎的分數概念，本篇則進一步討論等值分數與分數的比例意義，同時也探討分數運算的輔導策略，第八單元則以小數的位值概念與四則運算為主。

　　我們都希望學生是在理解各種概念與運算原理的情況下熟練數學的解題，也就是具備概念性知識，同時也熟練程序性知識。具備概念性知識意指學生能理解領域內知識的原理原則，以及各片段知識間的關係。有些學者或老師是透過要求學生「解釋」概念間的關係或是解題步驟的道理，來測試學生有無概念性知識；相對地，程序性知識是解決問題時的序列動作，通常可以從直接要求學生解題觀察到。但兩種知識並非如此容易地就能區分開來，因為無法清楚說明原理原則的孩子，可能是受限於表達能力，而不是欠缺概念性知識；不過執行一

個解題程序中，也可能是在具備概念間關係的情況下進行的。同時，也有學者（Rittle-Johnson & Siegler, 1998）認為，概念性知識不必然是要當事人外顯察覺的，所以除了前述要求學生「解釋」的測試方式外，常見的方法另有三種：一是在新作業上使用舊程序；二是在舊作業上使用新程序；三是使用新表徵。

我們可以使用下列的例子來理解這三種另類的檢驗概念性知識的方法。一是觀察學生能否在一些新奇的作業中使用例行性的程序，例如通常我們會要孩子比較兩個小數，如 0.83 和 0.9 的大小，或是兩個分數，如 $\frac{3}{5}$ 和 $\frac{4}{7}$ 的大小，但很少要孩子比 0.3 和 $\frac{1}{3}$ 的大小，此時就可以觀察孩子能否把通分的程序用在這種新奇的作業中，而了解他把相關概念連貫起來運作的情況。二是讓學生評估別人使用某個新奇的程序，例如舉出某個學生解比例問題 2：5 ＝ 7：（　　　）時，採用 2：5 所以 6：15，然後把原本的 2：5 折半，就是 1：$2\frac{1}{2}$，再與 6：15 加起來，就成了 7：$17\frac{1}{2}$；要求學生對這樣的解題是否行得通提出判斷。三是以具體物或另類的表示法來表徵概念，例如透過通分來比較一塊地的 $\frac{2}{5}$ 和 $\frac{4}{7}$ 何者較大，請學生用紙張或畫圖方式表示。

一般而言，大人們都覺得要讓孩子記下程序性知識比了解概念性知識來得容易，尤其在高年級數學，要同時掌握兩種知識變得更為困難，主要是因為高年級課程所涉及的程序性知識與其概念性知識的關係變得更為抽象，並不容易一眼看出算則背後的道理，例如分數除法的顛倒相乘。程序性知識在欠缺概念性知識的支撐下，容易因錯誤使用算則而產生學習問題的情況，而硬背算則也容易減損學習的樂趣。故本篇提供一些賦予意義的策略，也指出在哪些情況下，程序性知識的熟練是關鍵且有方法的，同時我們盡量提供一些練習活動，讓教學者與學習者有一些範例可以參考。

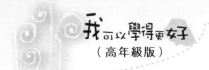

參考文獻

Rittle-Johnson, B., & Siegler, R. S. (1998). The relation between conceptual and procedural knowledge in learning mathematics: A review. In C. Donlan (Ed.), *The development of mathematical skills*. Hove, UK: Psychology Press.

單元六

整數的
數量關係

陳萩卿、張景媛

個案一　雅容

　　雅容是國小高年級的學生，她在升上高年級之前，在數學課堂中會主動回答老師發問的問題，也喜歡和同學一起做數學題目，數學的學習表現很不錯。但自從她升到五年級之後，每次上數學課不是皺著眉頭就是無精打采，老師發現雅容學習數學的興趣愈來愈低，尤其是在學習因數與倍數這些較為抽象的單元時，她不但表現出沒興趣的樣子，還時常會分心去干擾旁邊的同學。

　　老師發現雅容在其他學科的表現能保持以前的水準，但數學成績卻明顯下降，在和雅容的爸媽討論之後，知道雅容最近常抱怨數學變得很難，有一大堆像是因數、倍數的名詞，沒有以前那麼有趣了。老師為了了解雅容對因數與倍數等概念的理解程度，特地利用下課時間，請她找出「4 的所有因數有哪些？」只見她猶豫了一下，接著回答：「$4 \times 1 = 4$、$4 \times 2 = 8$、$4 \times 3 = 12$、$4 \times 4 = 16$……好多喔！算不完」，老師提醒她：「因數是可以把 4 整除的數。」她停頓一下才回答：「1、2、4。」

　　老師為了進一步確認雅容到底遇到哪些學習困難，於是仔細檢閱她平時的作業與評量，結果發現她確實常會把因數和倍數的答案寫反，尤其是遇到題目中的數字稍大或需要算出較大因數時，這種概念混淆的情況特別嚴重。例如：數學計算題「請找出 66 的所有因數？」雅容會寫下「$66 \times 1 = 66$、$66 \times 2 = 132$、$66 \times 3 = 198$、$66 \times 4 = 264$……」；或是在數學計算題「請找出 238 的所有因數？」她會算出「$238 \div 2 = 119$，$238 \div 3 = 79\cdots1$，$238 \div 4 = 59\cdots2$，$238 \div 5 = 47\cdots3$，$238 \div 6 = 39\cdots4$，$238 \div 7 = 34$」，然後寫下答案「2、7」，而作答並不完全。

　　另外，老師也發現雅容在計算公因數與公倍數時，常常會出現困

難，例如：遇到「**請找出 36 與 54 的最大公因數？**」或「**請找出 24 與 8 的最小公倍數？**」這類數學計算題時，她常會空下來沒有作答。老師特地找她過來，請她當場做一遍，結果只見雅容疑惑地說：「我不知道要算出來的答案是最大的，還是要最小的？」……。

個案二　小齊

　　小齊是國小六年級的男生，他在學校的數學成績中上，數學功課也多能按部就班完成。到現在為止，他已經學過各種不同的數學單元，其中大多數的課程他都應付得來，但卻老是會在數學應用題上出錯，尤其是關於因數與倍數的情境應用題，一直是他最不喜歡也最頭痛的部分。

　　老師發現小齊在計算數學題目時，可以正確回答「**請列出 132 的所有因數？**」、「**請找出 81 和 72 的最大公因數？**」或是「**請找出 27 和 81 的最小公倍數？**」這類基本的運算題。但是，一遇到需要應用因數或倍數這些概念的數學應用題時，他不是不斷地出現錯誤，就是很快地放棄作答。

　　例如：數學文字題「**小娟、英英和蓉蓉三人分別每 3 天、每 4 天、每 6 天去一趟書局，他們今天在書局相遇，請問下一次三人再相遇的時間是幾天後？**」這時候小齊會寫下 3×4×6 ＝ 72 天，直到老師請他分別列出小娟（第 3、6、9、☐12☐、15……天）、英英（第 4、8、☐12☐、16、20……天）和蓉蓉（第 6、☐12☐、18、24……天）去書局的時間，他才發現是第 12 天。

　　又如：「**媽媽有巧克力餅乾 36 片，果汁軟糖 27 顆，她想將這些餅乾和軟糖平分到盒子裡，每一種都要分完，請問媽媽最多可分成幾盒？**」小齊想了半天，最後還是空白沒有作答。

　　除了上面的應用問題之外，老師發現小齊雖然具備熟練的基本運

算能力，能輕鬆應付各種加減乘除的計算題，但在解乘法對加法或減法的分配律題目時，常常會出現錯誤。例如：計算題「$12 \times (3 + 5) = \square$」，他回答 41，老師請他詳細寫下計算過程，結果他寫下 $12 \times 3 = 36$、$36 + 5 = 41$。

另外，老師仔細檢閱小齊的數學作業後，也驚覺小齊雖然可以正確算出「$124 \times 15 = \square$」，卻沒有辦法回答「$124 \times \square = 1860$」，無論老師再怎麼說明他就是露出疑惑的表情。老師擔心是題目數字太大，造成小齊計算困擾，所以把題目的數字降低，結果發現小齊還是只會回答「$13 \times 5 = \square$」，而不會「$13 \times \square = 65$」這類問題……。

綜合問題診斷

🦟 雅容具備熟練的四則運算能力，也約略知道因數與倍數的計算策略，不過因為「**沒有掌握因數與倍數的概念**」，常將因數與倍數的概念搞混，所以她會「**從過去經驗判斷解題策略**」，例如：題目中的數字大小等，一旦遇到數字不算大，卻也不小的時候（如：24、35、66 等），就更容易出現錯誤。

🦟 雅容能很快找出 4 的所有因數，但卻沒辦法找出 238 的所有因數，除了可能是 238 的數字明顯較大，她在「**認知處理過程無法負荷**」之外，也可能是因為愈大的因數（如：11、13、17），在平時練習時較少接觸，使得她「**對較大的因數不夠熟練**」的緣故。

🦟 小齊的情況和雅容略有不同，他顯然已大致掌握因數與倍數的基本概念，卻還沒辦法將已學會的數概念加以應用，所以他可以輕鬆解決基本的數學計算題，但遇到需要運用相關概念的情境題時，不是很快採用過去習慣的解題策略，就是束手無策。此時他主要的困擾是「**無法應用學到的數概念去解決具體情境的問題**」。

🦟 小齊已經具備熟練的基本運算能力，但對於乘法對加法或減法分配律的題目時，卻不時會出現錯誤。這時候我們需要仔細觀察，

分辨他究竟是純粹的計算錯誤，還是無法掌握數學律則，此時最好的方法就是請他將計算過程詳細列出。而從小齊的計算過程，我們知道他「**沒有完全掌握數學律則**」。

小齊能正確計算兩個整數相乘之後的積，卻沒有辦法利用反推的方式，根據乘積找出是哪兩個整數相乘的結果。這樣情形常出現在國小學生身上，尤其在高年級的數學課程中，有許多需要反推才能解決的數學情境，如：乘除互逆或加減互逆就是很明顯的例子。這對多數認知思考未發展到一定程度的學生來說，確實是滿大的挑戰。此時小齊的困擾是「**無法順利進行反推思考**」。

雅容在中年級之前，數學的學習表現不錯，學習數學的興趣也高，所以在課堂中能集中注意力回答老師的問題。到了高年級階段，出現許多複雜性較高且較抽象的數學單元，降低她學習數學的興趣。同樣地，小齊雖然能掌握許多數學概念，但他在數概念與具體情境的聯繫、數學律則等部分也出現困難。無論雅容或小齊都有認知發展未足以應付數學課程的情形，他們均需面對促進認知思考發展的挑戰。

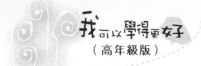

 問題分析 6-1：沒有掌握因數與倍數的概念，從過去經驗判斷解題策略

　　雅容有熟練的四則運算能力，也了解因數與倍數屬於不同的概念，不過因為她「**沒有完全掌握因數與倍數的概念**」，在解題時常會將因數與倍數的概念搞混。於是「**根據過去解題經驗，自己歸納出一些解題原則**」，如：題目數字較大時用除法，數字較小時用乘法等，這在一般情況下可以幫她順利解題，但遇到數字要大不小的時候（如：24、35、66 等），就容易出現錯誤。此時我們不但要運用各種實際例子，幫助她理解因數與倍數的抽象概念，還要引導她重新思考過去解題經驗的適用性。

策略 6-1-1 　用適當比喻說明數的概念

　　在高年級的數學課程中，逐漸出現許多數的概念，要如何學會這些數概念，對形式運思未臻成熟的學童而言，無疑是一項很大的挑戰。為了幫助學生了解這些抽象的數學概念，如：因數、倍數等，老師或家長可以視學生的情況，善用各種實物的比喻，讓學生更容易理解。另外，運用比喻說明數概念時，剛開始可先由老師或家長提供適當比喻（搭配練習 6-1-1.1），確定學生已掌握因數與倍數等概念後，讓學生自己想出比喻來說明這些概念（搭配練習 6-1-1.2），最後藉由老師或同儕的回饋，增加學生對這些數概念的理解程度。

✎ **練習 6-1-1.1　比喻法：老師或家長示範用實例比喻數的概念**

◎ 說明：老師或家長先用學生容易了解的實例，對因數與倍數等數的概念進行比喻，過程中隨時保持與學生互動，以了解學生的理解情形。

┌─────────────────────────────┐
│ **範例一：用實例比喻倍數的概念** │
└─────────────────────────────┘

比喻參考：

　　「你曾經觀察家裡過期吐司上的黴菌嗎？你看過剛開始黴菌只占領吐司的一小塊面積，後來黴菌愈來愈多，逐漸攻占整片吐司嗎？」

　　「如果 1 個黴菌每經過一個晚上就分裂為 2 個，第一天可能吐司上只有 2 個黴菌，第二天變成 4 個，第三天這 4 個黴菌又各自分裂，吐司上就有 8 個黴菌了，第四天黴菌又繼續分裂，變得更多了……。」

　　「倍數概念跟黴菌繁衍的情形有些像，第一天吐司上只有 2 個黴菌，第二天是第一天的 2 倍（$2 \times 2 = 4$ 個），第三天是第一天的 4 倍（$2 \times 4 = 8$ 個）……。如果以 2 為單位，可以產生 2、4、6、8……，這些都是 2 的倍數。」

範例二：用實例比喻因數的概念

比喻參考：

「英英買了一大包巧克力，當她拆開這包巧克力的時候，她發現裡面共有 6 條巧克力，她想要把這些巧克力全部分給她的朋友，而且每個分到巧克力的人都拿到相同數目的巧克力。她分了半天想不出來怎麼分，我們來幫她想一想，她可以有哪幾種分法？」

「如果她只分給 1 個人，這個人可以分到 6 條；分給 2 個人，每人拿到 3 條；分給 3 個人，每人拿到 2 條；分給 4 個人的話，每人拿到的數目不同，所以行不通；分給 5 個人的話，每人拿到的數目也會不同；分給 6 個人的話，每人只能拿到 1 條。」

「所以我們知道一個 6 是 6，二個 3 是 6，三個 2 是 6，六個 1 合起來也是 6，所以英英有四種分法。因為 6、3、2、1 都可合成全部的 6，我們就叫這些數是 6 的因數。」

※老師或家長可多思考各種能適當比喻數概念的實例，盡量將抽象概念具體化，增加學生對數概念的理解。

練習 6-1-1.2　比喻法：學生自己想出比喻說明數概念

◎ 說明：老師示範運用實例比喻後，可以再讓學生試著自己想出比喻的例子，並由老師或同儕進行回饋，以更釐清因數與倍數的概念。

想想看，哪些例子可以用來比喻因數與倍數呢？

1. **小組討論**：學生 5-6 人分成一組，透過小組討論與合作的方式，分別想出生活中可以用來說明因數與倍數的例子。

   （老師可設計討論的問題幫助學生順利討論，如：「生活中有哪些例子可用來比喻倍數的概念呢？」、「這些例子為什麼可以用來說明倍數呢？」、「想一想，小組成員舉出的例子和之前你對倍數的想法有哪些一樣？哪些不一樣？」等。）

2. **發表結果**：學生分組上台發表小組討論的結果，並說明這些例子能說明因數與倍數的原因。

3. **進行回饋**：當學生進行小組發表時，老師如果發現小組所提出的例子並不適用因數或倍數的概念，可運用提問的方式，適時引導學生重新思考，幫助學生釐清概念。此外，藉由鼓勵其他學生盡量提出問題，透過學生間的互動與對話，也可以幫助老師了解學生對因數與倍數等概念的理解情形。

※ 學生進行小組討論時，可能會因為想不到適當的例子或不知如何著手討論，而感到挫折或缺乏討論動機，此時老師可從旁引導提問，幫助學生進入狀況。

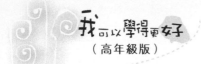
策略 6-1-2　用繪圖方式說明因數與倍數的概念

　　由於國小高年級學生的認知思考，正處於從具體運思逐漸要發展至形式運思的階段，此時大多數學生還沒有辦法從除法原理同時掌握因數與倍數的概念。為幫助學生更容易理解因數與倍數的概念，我們需要配合學生的認知發展，藉由比喻、提問或繪圖等具體方式，讓學生能透過實際操作掌握抽象概念。關於繪圖法，老師或家長可先簡單示範運用繪圖方式說明因數與倍數的概念（搭配練習 6-1-2.1），當學生了解這些數的概念之後，再藉由兩兩相互練習，熟悉由具體事物來了解抽象概念（搭配練習 6-1-2.2）。

✎ 練習 6-1-2.1　繪圖法：老師示範

◎ 說明：老師或家長可先示範用繪圖方式來說明因數與倍數的概念，其中繪圖的情境說明需要利用學生日常生活就可以理解的事物，幫助學生容易掌握這些數的概念。

範例一：說明倍數的概念

參考：　1. 情境說明：

「原先蓉蓉沒有存款，現在媽媽每天固定給蓉蓉 10 元的零用錢，如果蓉蓉每天都把零用錢存下來，一個星期後，她的存款比第一天增加多少倍呢？」

　　　2. 繪圖表示：

原先　蓉蓉沒有存款

第一天　　　　　　第二天　　　　　　　　第三天　　　　　　　　第四天
⑩　　　　　　⑩ ⑩　　　　　　⑩ ⑩ ⑩　　　　　　⑩ ⑩ ⑩ ⑩
　　　　　　　增加 1 倍　　　　　　　增加 2 倍　　　　　　　增加 3 倍

第五天　　　　　　第六天　　　　　　第七天
⑩ ⑩ ⑩　　　　　⑩ ⑩ ⑩　　　　　⑩ ⑩ ⑩ ⑩
⑩ ⑩　　　　　　⑩ ⑩ ⑩　　　　　⑩ ⑩ ⑩
增加 4 倍　　　　　增加 5 倍　　　　　增加 6 倍

　　　3. 概念說明：

「以第一天的 10 元為單位，接下來幾天，蓉蓉可能有 20 元、30 元、40 元、50 元……，她的錢會增加 1 倍、2 倍、3 倍、4 倍、5 倍……，所以，10、20、30、40、50……都是 10 的倍數。」

範例二：說明因數的概念

參考：　*1.* 情境說明：

　　　　「齊齊買了一條切好六等份的起司蛋糕，他決定每天都吃相
　　　　同等份，你知道他可以有哪幾種吃法嗎？」

　　　　2. 繪圖表示：

齊齊的起司蛋糕

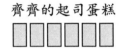

第一種吃法　　　第二種吃法　　　第三種吃法　　　第四種吃法

每天吃 1 塊吃 6 天　每天吃 2 塊吃 3 天　每天吃 3 塊吃 2 天　1 天吃 6 塊吃 1 天

　　　　3. 概念說明：

　　　　「齊齊可以選擇每天吃 1 塊吃 6 天、每天吃 2 塊吃 3 天、每
　　　　天吃 3 塊吃 2 天、一次吃 6 塊，無論他選擇怎麼吃，到最後
　　　　都會把 6 塊蛋糕吃完。六個 1、三個 2、二個 3、一個 6，都
　　　　可以合成 6，所以 1、2、3、6 稱為 6 的因數。」

✏ **練習 6-1-2.2　繪圖法：學生兩兩相互練習**

◎ 說明：完成練習 6-1-2.1 的繪圖示範之後，老師先提供情境說明讓學生進行
　　　　繪圖，再將學生兩人分為一組，分享自己繪圖的結果並互相說明概
　　　　念。

> 請先自己繪圖，再向你的伙伴說明！

1. 情境說明

【情境一】「紅線公車每 8 分鐘到站一次，小琪抵達公車站牌的時候，
　　　　　正好看見紅線公車到站。如果公車準時的話，小琪在接下來
　　　　　1 個小時內，可以看到幾次紅線公車到站呢？」

【情境二】「達人生日，媽媽給他 45 包餅乾，讓他帶到學校請他的好
　　　　　朋友吃，達人想將所有餅乾都分完，而且每個好朋友都拿到
　　　　　同樣數目的餅乾，請問他有哪幾種分法呢？」

2. 畫畫看（請用畫圖的方式，找出上面題目的答案）

【情境一】公車到站的時間

【情境二】餅乾的分法

3. 說說看（和你的伙伴互相展示繪圖結果，並說明這樣畫的理由）

4. 動動腦（和你的伙伴討論這些例子與因數或倍數的關係）

※老師可多提供實例讓孩子充分練習，也可以請學生自己設計情境。此外，將學
　生兩兩分組的時候，要注意學生學習的狀況，避免將同質性太高的學生分為一
　組。

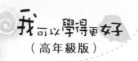
策略 6-1-3　發現依賴過去解題策略的限制

　　國小高年級的數學課程中，因數與倍數的討論範圍，主要以正整數為主，即便如此，這些數學名詞對多數學生而言，仍顯得生澀難以理解。尤其當老師或數學教材為了讓學生正確掌握因數和倍數等概念，而引入因數與倍數的數學定義時，對某部分學生來說，要學會這些數的概念就更加辛苦了。

　　這時候的學生雖然還無法完全掌握因數與倍數的概念，常將因數與倍數搞混，但因為已經做過很多的練習題，逐漸累積練習的經驗，歸納出特定的解題策略，例如：從題目中所給整數的大小來判斷運用乘法或除法，所以我們常會發現學生的解題表現很不穩定，時對時錯。

　　此時除了需要幫助學生釐清因數與倍數的概念之外（參考策略6-1-1、策略6-1-2），也要了解學生依賴解題策略的情形（搭配練習6-1-3.1），並幫助學生發現依賴過去歸納出來的策略解題並不恰當（搭配練習6-1-3.2）。

練習 6-1-3.1　了解學生依賴解題策略的情形

◎ 說明：提供因數與倍數的簡單題目，變化題目中的數字大小，讓學生計算
　　　　並說出自己採用的解題策略，在過程中仔細觀察學生依賴的解題策
　　　　略。此時學生只需試著計算並說出他的解題策略就可以，不一定要
　　　　回答正確的答案。

> 算一算，並說說看為什麼這樣算？

練習題：

1. 「請找出 4 的所有因數？」

2. 「請找出 35 的所有因數？」

3. 「請找出 21、30 的最大公因數？」

4. 「請找出 37、62 的最小公倍數？」

一、算算看（請分別將你的計算過程寫下來！）

二、說一說（請用自己的話，說出「為什麼這樣算？」）

◎ 說明：學生完成練習 6-1-3.1 之後，老師或家長已能大致了解學生對過去解題策略的依賴情形。此時還要讓學生從解題過程中，發現依賴過去解題策略的限制。

例題：「玉華想將一張長 15 公分、寬 10 公分的長方形色紙，剪成數個大小一樣的正方形，正方形愈多愈大愈好，請問她可剪成邊長幾公分的正方形？」

【玉華的算法】

$15 = 3 \times 5$　　$10 = 2 \times 5$

15 和 10 的最小公倍數是 $3 \times 2 \times 5 = 30$

最多可剪成 30 個的正方形

【說說看，玉華的答案和題目有矛盾嗎？】

「如果剪成 30 個正方形，原來長方形的長會被分為 30 等分，$15 \div 30 = 0.5$ 公分，寬也被分為 30 等分，$10 \div 30 = 0.33$ 公分，所以玉華剪出來的不是正方形。」

【動動腦，你會怎麼解答這個問題呢？】

$15 = 3 \times 5$　　$10 = 2 \times 5$

想剪出正方形需要找出長方形長和寬的公因數，所以必須找出 15 公分和 10 公分的公因數，15 和 10 的公因數是 5，因為剪出來的正方形愈多愈大愈好，所以可以剪成每邊長 5 公分的正方形。

【再想一想，你的解答符合題目的要求嗎？】（可以用畫圖或驗算等各種方式）

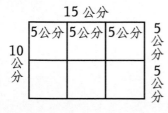

練習 6-1-3.2　覺察依賴數字大小判斷解題策略的限制（續）

1. 畫圖方式：

15 公分

5公分	5公分	5公分

10 公分

5公分
5公分

5公分	5公分	5公分

10 公分

5公分
5公分

2. 驗算方式：

長　15 公分 ÷ 5 公分 = 3（等分）

寬　10 公分 ÷ 5 公分 = 2（等分）

每邊 5 公分的正方形可以剪成 6 個

每邊 10 公分的正方形可以剪成 1 個

因為正方形愈多愈大愈好，所以可剪成每邊 5 公分的正方形 6 個。

練習題：「維新家旁的道路長 200 公尺，一邊每隔 39 公尺有一棵鳳凰樹，另一邊每隔 26 公尺有一棵木棉樹，請問鳳凰樹和木棉樹第一次同時出現在路旁是在幾公尺的地方？」

【維新的算法】

$39 = 3 \times 13$　　$26 = 2 \times 13$

39 和 26 的公因數是 13

兩種樹會同時在 13 公尺的

地方出現

【說說看，維新的答案和題目有矛盾嗎？】

矛盾的地方是：

【動動腦，你會怎麼解答這個問題呢？】

【再想一想，你的解答符合題目的要求嗎？】（可以用畫圖或驗算等各種方式）

🔍 **問題分析 6-2：認知處理過程無法負荷，以及對較大因數不夠熟練**

　　雅容雖然能很快找出較小整數的所有因數，但在找出較大整數的所有因數時卻有困難。這可能是因為雅容在課堂或作業中，常有找出較小整數中所有因數的練習機會，所以她對較小的整數或較小的因數較為熟悉。相對地，當整數較大或需要找出的因數較大時，對她而言就顯得陌生，對她的「**認知處理過程產生較大負荷**」。所以我們可以先從較小的整數或因數開始，透過逐步引導的方式，盡量提供她處理較大整數或因數的練習機會，幫助她熟悉較大的因數，藉此降低認知負荷。

📖 **策略 6-2-1**　運用輔助方式降低認知處理負荷

　　當題目中的數字較小或所需找出的因數較少時，雅容很快地完成解題，而且正確率也高。但是一碰到題目中的數字較大，或是要找出的答案較多時，她卻不時出錯。這樣的情形在國小學生身上很常見，特別是在因數與倍數的數學單元中，常需要學生找出某些整數的因數、倍數、公因數或公倍數，當題目的數字較大或答案較多時，容易增加學生認知處理過程的負荷，造成學生無法順利解決問題。因此，可讓學生學會運用一些輔助方式，例如：繪圖（參考練習 6-1-2.1 與練習6-1-2.2）、逐步記下運算過程、說出自己的思考過程（搭配練習6-2-1）等方法，幫助學生降低其在解題過程中的認知負荷量，進而增加完整解題的機會。

◎ 說明：為減低學生在運算過程中的認知負荷，老師或家長可讓學生練習一步一步說出自己的想法與計算過程。剛開始學生可能不習慣或不知如何說出自己的思考過程，此時老師或家長需運用提問方式，不斷提醒學生說出自己的想法。

例題：「育英想在長 100 公尺的空地種花，一排每隔 5 公尺種一棵玫瑰花，另一排每隔 7 公尺種一棵小白花，請問玫瑰花和小白花在幾公尺的地方會同時出現？」

【寫下並說出自己的想法】（逐步寫下每一個解題的想法）

1. 玫瑰花每隔 5 公尺種一棵。

2. 小白花每隔 7 公尺種一棵。

3. 它們同時出現的地方是 5 和 7 的公倍數，所以要求出 100 以內的 5 和 7 的所有公倍數。

4. 所以 5 和 7 的最小公倍數是 $5 \times 7 = 35$。

5. 所有 5 和 7 的公倍數是 $35 \times 1 = 35$、$35 \times 2 = 70$、$35 \times 3 = 105$。

6. 因為 105 已經超過 100，所以 105 不是答案。

7. 答案是 35 公尺和 70 公尺。

練習題：「有一條路長 500 公尺，路的一邊每隔 21 公尺有一盞路燈，
　　　　路的另一邊每隔 45 公尺有一根電線桿，請問路燈和電線桿會
　　　　同時出現幾次？它們會在幾公尺的地方同時出現？」

【寫下並說出自己的想法】（逐步寫下每一個解題的想法）

1.

2.

3.

4.

5.

6.

……

※老師或家長盡量提供不同題型的題目讓學生練習，並鼓勵學生盡量詳細一步一
　步地寫下並說出自己的思考過程。

策略 6-2-2　由小到大逐步找出所有因數

　　雅容能順利找出整數的較小因數，卻常會遺漏掉較大的因數，這可能是因為她在平時的練習中，對於較小因數的接觸較為頻繁，所以她對較小因數較為熟悉，能很快地找到某個整數的較小因數，例如：2、3、5……等，但對於像是 11、13、15 等較大的因數較不熟悉，所以在找出某整數的所有因數時，會漏掉部分答案，而作答不完全。此時可以嘗試讓學生利用列舉法（搭配練習 6-2-2），由小到大逐步找出所有的因數，並提醒學生避免遺漏較大的因數。

◎ 說明：本練習讓學生從最小的因數開始，依序往下找，直到找到所有的因數為止，藉由一一列舉某個整數的所有因數，讓學生在解題時能思考是否還有較大的因數。

$$\boxed{由小到大找一找！}$$

例題：「請找出 26 的所有因數。」

【由小到大找出所有因數】（請把找到的因數圈起來）

$26 \div ①= 26$　　$26 \div ②= 13$　　　$26 \div 3 = 8 \cdots 2$　　　$26 \div 4 = 6 \cdots 2$

$26 \div 5 = 5 \cdots 1$　$26 \div 6 = 4 \cdots 2$　　$26 \div 7 = 3 \cdots 5$　　$26 \div 8 = 3 \cdots 2$

$26 \div 9 = 2 \cdots 8$　$26 \div 10 = 2 \cdots 6$　$26 \div 11 = 2 \cdots 4$　$26 \div 12 = 2 \cdots 2$

$26 \div ⑬= 2$　　$26 \div 14 = 1 \cdots 12$　$26 \div 15 = 1 \cdots 11$　依此類推……

$26 \div ㉖= 1$

【列出所有的因數】26 的所有因數是 1、2、13、26

練習題：「請找出 57 的所有因數。」

【由小到大找出所有因數】（請把找到的因數圈起來）

【列出所有的因數】「57 的所有因數有哪些？」

練習題：「請找出 68 的所有因數？」

【由小到大找出所有因數】（請把找到的因數圈起來）

【列出所有的因數】「68 的所有因數有哪些？」

※特別需要注意的是，由小到大列舉的方式，適用於學生剛開始常遺漏較大因數的情況，當學生逐漸熟悉並能正確找出所有因數時，就不再需要運用一一列舉的方法了。

問題分析 6-3：無法應用學到的數概念去解決具體情境
的問題

　　小齊的狀況和雅容則略有不同，小齊已能掌握因數與倍數的基本
概念，所以他可以正確回答基本的計算題，只是遇到需要應用因數與
倍數這些基本概念的情境題時，因為「**無法靈活運用學會的數概念去
解題**」，而依賴過去習慣的策略，甚至束手無策。為了使他能將所學
的數概念用來解決數學情境題，可以透過分析解題步驟、小組合作擬
題或解題等方式，讓小齊了解解題策略的背後意義，知道數概念與生
活情境之間的關聯，進而幫助他學會應用數概念去解決問題。

策略 6-3-1　用自己的話說出因數與倍數的概念

　　小齊已經可以正確回答因數與倍數的基本計算題，可見他對因數
與倍數等概念已有初步的認識，但是他對於需要運用因數與倍數這些
概念的數學文字題，卻束手無策。很顯然地，小齊無法將所學到的數
學概念用來解決情境題，這可能是小齊對因數與倍數的概念理解不
夠，也可能是他在連結概念性知識與程序性知識時出現問題。因此，
老師可以先請小齊用自己的話說出因數與倍數的概念（搭配練習
6-3-1），以釐清小齊究竟哪裡出現問題。

練習 6-3-1　用自己的話說出概念：學生互相說明概念

◎ 說明：當學生能用自己的話清楚說出因數或倍數等概念時，就表示學生對這些概念已經有某些程度的掌握了。本練習讓學生用自己的話說出概念，有助於釐清學生究竟是概念不清楚或不會應用概念。

請和你的伙伴互相說明！

一、學生分組：將學生 2-3 人分為一組，需要注意的是，在幫學生分組的時候，需要考慮學生學習數學的狀況，避免將能力相差太大或同質性太高的學生安排在同一組。

二、用自己的話說出概念：學生分別練習向同組的伙伴說明因數與倍數的概念，此時為協助學生順利進行，可由老師提供問題引導學生討論。

【引導的問題】

「請用你自己的話，說一說什麼是因數？什麼是倍數？」

三、舉例說明：當學生分別用自己的話向伙伴說明因數與倍數的概念之後，可以請學生舉出相關的例子，幫助伙伴更了解這些數學的概念。此時老師可再提供引導問題，幫助學生討論聚焦。

【引導的問題】

1. 「分別用一個例子說明因數與倍數，讓你的伙伴更清楚！」
2. 「想一想你的伙伴所舉出的例子，這些例子和你對因數與倍數的想法有哪些一樣？哪些不一樣？」

四、回顧與回饋：當學生向伙伴用自己的話說出概念，並舉出實例加以說明之後，為了幫助學生統整概念與回顧他人的回饋，可運用引導問題幫助學生回想剛才的過程。

【引導的問題】

1. 「討論的時候，你覺得誰提出的什麼例子讓你最容易了解？」
2. 「如果現在再讓你用自己的話說明因數或倍數，你和討論前的想法有哪些一樣？哪些不一樣呢？」

※學生進行概念說明時，常會因為不知如何說起，而缺乏討論興趣，此時老師可鼓勵學生如果不知道怎麼用自己的話說明概念，可先利用例子來說明。

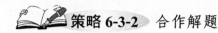 **策略 6-3-2** 合作解題

　　學習數學時，學生通常在了解數學單元的內容之後，就開始獨立完成老師所給的各種練習題，透過自己不斷的練習去熟稔各類型的題目，這種方式對學習基本的數學計算題確實很有效，但遇到需要運用數學概念靈活解情境題時，學生通常因為不了解或無法靈活運用數學概念，而死背題型或放棄作答。此時為了增進學生對數概念的理解與運用，可以透過同儕合作解題的方式（搭配練習 6-3-2），一方面讓學生有機會觀摩他人解題的過程，一方面讓學生從同儕互動中獲得他人回饋，進而增加其對數學概念的理解程度與運用能力。

練習 6-3-2　練習合作解題

◎ 說明：老師先提供有關因數與倍數的情境應用題，讓學生分組練習解題，
　　　　在合作解題的過程中，提醒學生觀摩小組成員解題的方法與理由。

【討論重點】

1. 小組成員先討論並列出解題的方法。

2. 再說一說，運用這種解題方法的理由。

練習題一：「小娟、英英和蓉蓉三人分別每 3 天、每 4 天、每 6 天去一
　　　　　趟書局，他們今天在書局相遇，請問下一次三人再相遇的
　　　　　時間是幾天後？」

練習題二：「媽媽有巧克力餅乾 36 片，果汁軟糖 27 顆，她想將這些餅
　　　　　乾和軟糖平分到盒子裡，每一種都要分完，請問媽媽最多
　　　　　可以分成幾盒？」

練習題三：「爸爸有一把百元的鈔票，他將這些鈔票每 5 張放一疊或是
　　　　　每 7 張放一疊，都剛好分完，只知道這把鈔票沒有超過 50
　　　　　張，請問爸爸最多會有多少錢？」

※除上述題目之外，可盡量提供各式問題讓學生充分練習。

策略 6-3-3 藉由擬題了解解題策略背後的意義

　　觀察學生解題的情形，老師們常會發現學生已經了解數學概念，也能成功解決依據這些數學概念所設計的計算題，但卻沒有辦法應用這些數學概念，思考相關情境題的解題策略，也無法找出數學概念與問題情境兩者間的關聯性。這是因為學生要解決一個計算題，只需要掌握相關概念，再直接進行解題即可，這通常藉由不斷練習同類型的題目可以辦到；但要順利解決一個數學情境題，不但需要掌握相關概念，具備有關的計算能力，還要能找出解題策略與題目間的關聯，了解解題策略背後的意義，才能成功解題。因此，除了讓學生熟練老師設計的題目之外，透過讓學生自己擬題的經驗，不僅可增加學生對數學概念的掌握，也有助於學生應用數學概念找出解題策略順利解題（搭配練習 6-3-3.1 與練習 6-3-3.2）。

📝 **練習 6-3-3.1　擬出同類型的題目**

◎ 說明：本練習由老師示範擬題，學生再分組擬題，剛開始學生可能不知如
何著手自己設計題目，所以可讓學生先不斷練習設計同類型的題
目，當學生已能掌握擬題原則時，可讓學生逐漸擴展到設計不同類
型的題目。

> 想一想，設計合適的題目！

例題：請用「求出 6 和 8 的公倍數」這個問題設計數學應用題。

【題目設計】「偉偉的班上有 40 幾個人，每 6 人排成一排或每 8 人排
成一排，都剛好可以排完，請問偉偉班上有多少人？」

練習題：請用「求出 4 和 18 的最小公倍數」這個問題設計題目。

【題目設計】（請跟你的小組成員合作設計題目，並想一想這個題目要
怎麼算）

練習題：請用「求出 36 和 48 的最大公因數」這個問題設計題目。

【題目設計】

※除上述題目之外，可盡量讓學生練習擬出各類型的題目。

✎ 練習 6-3-3.2　分組擬題：小組擬題並由他組算出答案

◎ 說明：學生完成練習 6-3-3.1 後，可以再讓學生分組擬題，並由其他小組成
　　　　員進行解題，此時老師需提醒學生在解題過程中，要隨時向出題者
　　　　詢問題意不清楚的地方。

> 小組先設計題目，再讓其他組算出答案！

例題：請用「求出 6 和 8 的公倍數」這個問題設計數學應用題。

【題目設計】「偉偉的班上有 40 幾個人，每 6 人排成一排或每 8 人排
　　　　　　成一排，都剛好可以排完，請問偉偉班上有多少人？」

【算出答案】（小組設計完題目之後先算出答案，再請其他小組進行解
　　　　　　題）

　　　　　　6 的倍數是 6、12、18、24、30、36、42、48、54……
　　　　　　8 的倍數是 8、16、24、32、40、48、56、64……
　　　　　　6 和 8 的公倍數有 24、48……
　　　　　　因為偉偉班上只有 40 幾人，所以答案是 48

練習題：請用「求出 4 和 18 的最小公倍數」這個問題設計題目。

【題目設計】（請跟你的小組成員合作設計題目，並想一想這個題目要
　　　　　　怎麼算）

【算出答案】（小組設計完題目之後先算出答案，再請其他小組進行解
　　　　　　題）

練習題：請用「求出 36 和 48 的最大公因數」這個問題設計題目。

【題目設計】（請跟你的小組成員合作設計題目，並想一想這個題目要
　　　　　　怎麼算）

【算出答案】（小組設計完題目之後先算出答案，再請其他小組進行解
　　　　　　題）

※老師需鼓勵其他組學生在進行解題時，針對題目中不清楚的地方，隨時向出題
　者提問，以增加小組間的互動與回饋機會。

問題分析 6-4：沒有完全掌握數學律則

　　從小齊在解分配律題目時，常出現錯誤的情形來看，他似乎「**未能掌握數學的分配律則**」。不過為了進一步了解小齊出現錯誤的真正原因，我們需要仔細觀察他對類似問題的解題過程，請他詳細列出計算步驟，以分辨他是基本運算出現問題，還是無法掌握數學律則。

 策略 6-4-1 仔細了解學生的運算過程

　　從小齊的解題過程中，可以發現雖然他具備熟練的四則運算能力，但在解決有關數學律則（例如：分配律、交換律、結合律等）的題目時，卻常常會出現錯誤。為了找出學生對數學律則的真正困擾，此時需要先排除學生基本計算的問題，了解學生究竟對哪些數學律則產生困擾。因此，老師或家長可以藉由讓學生用自己的話說出計算方法（搭配練習 6-4-1.1）、逐條列出計算步驟（搭配練習 6-4-1.2）等方式，仔細了解學生對於數學律則問題的運算過程，以進一步了解學生學習數學律則的困難。

✎ **練習 6-4-1.1　了解學生的運算過程：學生說出計算方法**

◎ 說明：為了解學生對數學律則的學習困擾，老師或家長可出一些有關數學
　　　　律則的題目，讓學生用自己的話說出他（她）的計算方式，藉此發
　　　　現學生在哪些律則出現問題。此時學生只需要說出計算方法就可以
　　　　了，不一定要算出答案。

> 說一說，下面的題目要怎麼算呢？

例題：說一說，「$12 \times (3 + 5) = \square$」要怎麼算？

【範例參考】「12 乘以 3 會等於 36，還要再加上 5，所以題目的答案
　　　　　　是 36 加上 5，等於 41。」

（盡量引導學生用自己的話說出他（她）的計算方式，此時可先不必急著告訴他
（她）哪裡錯了）

練習題：① $24 \times (6 - 2) = \square$　② $6 \times (13 + 3) = \square$

　　　　③ $48 \div (4 - 2) = \square$　④ $77 \div (7 + 4) = \square$

　　　　⑤ $24 \times 6 - 2 = \square$　⑥ $6 \times 13 + 3 = \square$

　　　　⑦ $48 \div 4 - 2 = \square$　⑧ $77 \div 7 + 4 = \square$

練習 6-4-1.2　了解學生的運算過程：逐條列出計算步驟

◎ 說明：除了讓學生用自己的話說出計算方法之外，也可讓學生詳細逐步地
列出每個題目的計算步驟，幫助老師或家長檢閱學生在哪個思考階
段出現錯誤。本練習主要在幫助老師或家長找出學生學習困擾，不
需要求學生一定要做出正確答案。

> 請將你的計算過程，一步一步地寫下來！

例題： 請寫下你對「$12 \times (3 + 5) = \square$」、「$12 \times 3 + 5 = \square$」的計
算過程與答案。

【寫下計算過程】 ①「$12 \times (3 + 5) = \square$」　②「$12 \times 3 + 5 = \square$」

$$12 \times 3 = 36 \qquad\qquad 12 \times 3 = 36$$

$$36 + 5 = 41 \text{ 答案是 } 41 \qquad 36 + 5 = 41 \text{ 答案是 } 41$$

（讓學生逐步寫下他（她）的計算過程，提醒學生愈詳細愈好，此時同樣不必要
求學生一定要做出正確答案）

【仔細觀察】 （說一說，它們哪裡一樣？哪裡不一樣？）

【範例參考】「我覺得它們答案一樣，但題目有點不一樣，第一題有括
號，第二題沒有括號。」

（鼓勵學生盡量找出相同與相異點）

練習題：

【請寫下計算過程】（愈詳細愈好）

① $24 \times (6 - 2) = \square$　　② $24 \times 6 - 2 = \square$

③ $6 \times (13 + 3) = \square$　　④ $6 \times 13 + 3 = \square$

⑤ $48 \div (4 - 2) = \square$　　⑥ $48 \div 4 - 2 = \square$

⑦ $77 \div (7 + 4) = \square$　　⑧ $77 \div 7 + 4 = \square$

【仔細觀察】（說一說，它們哪裡一樣？哪裡不一樣？）

①和②的比較　　　　③和④的比較

⑤和⑥的比較　　　　⑦和⑧的比較

策略 6-4-2 透過充分練習發現數學律則

　　我們常會發現要向國小學生直接解釋各種數學律則並不容易，尤其對於多數仍處在具體運思階段的國小學生而言，藉由抽象的定義來學習數學規則更是一件辛苦費力的事。因為學生在國小中低年級時，多數時候都從實際操作或具體事物來認識數學概念、學習解題策略、解答數學題目；到了高年級，數學課程出現許多數學律則，這些律則並不容易用具體事例來理解，加上學生過去對這些律則的接觸較少，因此學生常無法掌握這些數學律則，而常在計算時出現錯誤。此時增加學生練習同類型題目的機會，透過充分練習與不斷接觸，可以幫助學生逐漸歸納並掌握各種數學律則（搭配練習 6-4-2）。

✏️ 練習 6-4-2　充分練習交換律與分配律的題目

◎ 說明：在學習數學律則時，學生最容易出錯的部分，通常是交換律與分配律的題目，本練習先由老師或家長提供有關交換律與分配律的計算題，讓學生充分練習，以從中發現數學律則。

$$\boxed{\text{動手做做看！}}$$

例題：請寫下空格中的答案 $12 \times 6 = \square \times 12$

【範例參考】 $12 \times 6 = 72$

$\qquad\qquad 72 \div 12 = 6 \qquad$ 答案是 6

練習題：（寫下你對下列題目的計算過程與答案）

① $24 \times 35 = \square \times 24$　　　　② $54 \times \square = 19 \times 54$

③ $\square \times 121 = 121 \times 67$　　　④ $66 \times 11 = 11 \times \square$

⑤ $12 \times (5 - 2) = \square$　　　　⑥ $7 \times (10 + 3) = \square$

⑦ $64 \div (8 - 2) = \square$　　　　⑧ $105 \div (3 + 2) = \square$

※ 可以依學生解題的熟練情形，斟酌是否給予更多的題目，讓學生有充分練習的機會。如果發現學生對於某些類型題目有同樣錯誤，老師或家長需適時引導學生發現這些錯誤，等釐清概念之後再進行解題的練習。

問題分析 6-5：無法順利進行反推思考

　　從小齊解題的過程中，我們發現他可以解決特定思考方向的數學問題，例如：算出兩個整數相乘之後的積、回答兩個整數相除之後的商等，但「**對於需要運用反推思考的數學題，卻沒有辦法成功解題**」，例如：依據乘積找出乘數或被乘數、從商數找出除數或被除數等。由於高年級數學課程出現許多需要反推思考的部分，其中乘除互逆就是明顯的例子。此時一方面可透過具體例子，幫助學生發現乘除互逆的關係，一方面可藉由認知推理遊戲，盡量讓學生有從不同方向進行思考的練習機會。

策略 6-5-1　運用生活實例練習反推

　　藉由觀察學生的解題過程或日常生活的對話，我們可以發現國小學生可以輕易理解正向推理的問題，但是對於需要反推思考的情境，常會顯得力不從心，例如：小齊可以輕鬆算出 124×15 的乘積，卻沒有辦法從乘積反推出 124 或 15，很明顯地，小齊對於乘除互逆的反推思考出現困難。愈高年級的數學課程，將會出現愈多需要運用反推思考的情境，為了幫助學生發展反推思考，可先從生活實例著手，讓學生練習反推（搭配練習 6-5-1.1 與練習 6-5-1.2）。

練習 6-5-1.1　運用生活實例：用自己的話說出正向意思

◎ 說明：老師或家長先提出一些可以正向說明，也可以反向說明的生活實例，讓學生用自己的話先說出這些例子的正向意思。

例題：「琪琪想要買一本 150 元的格林童話書，她將每天 10 元的零用錢都存下來，存到第 15 天，終於買到這本格林童話書。」

【範例參考】「琪琪想要買一本 150 元的故事書，她每天有 10 元的零用錢，她都沒有用掉，而且把這些錢存下來，第一天 10 元、第二天 20 元……一直存了 15 天 150 元，終於有足夠的錢把書買回家。」

練習題：「小峰從家裡到學校，需要先搭 10 分鐘的公車到早餐店門口，再走 5 分鐘到學校對面的便利商店，最後過馬路進入校門。」

【用自己的話說說看】（說得愈清楚愈好）

※老師或家長盡量提出生活實例，讓學生試著用自己的話說出這些例子的意思。

◎ 說明：當學生完成練習 6-5-1.1 之後，可以請學生試著用反方向的方式，說
　　　　出這些例子的意思，並讓學生比較正向與反向的說法有哪些不同，
　　　　這兩種說法是否都能說明題目的意思。

想一想，下面的例子還可以怎麼說？

例題：「琪琪想要買一本 150 元的格林童話書，她將每天 10 元的零用
　　　　錢都存下來，存到第 15 天，終於買到這本格林童話書。」

【還可以怎麼說？】（用不一樣的說法說出例子的意思）

【範例參考】「琪琪把每天 10 元的零用錢都存下來，直到第 15 天才買
　　　　　　到一本 150 元的童話書，這是因為她的存款在第一天還缺
　　　　　　140 元、第二天缺 130 元、第三天缺 120 元……到第 15 天
　　　　　　才存到足夠的錢買書。」（鼓勵學生盡量用不同方式說出
　　　　　　意思）

【比一比】

1. 這個說法和你之前的說法哪裡一樣？哪裡不一樣？

　例如：「一樣的地方是兩個說法都可以用來說出這個例子的意思；
　　　　　不一樣的地方是之前的說法是第一天存 10 元、第二天存 20
　　　　　元……，一直到第 15 天存到 150 元，之後的說法是第一天缺
　　　　　140 元、第二天缺 130 元……，一直到第 15 天有足夠的錢。」
　　　　　（鼓勵學生盡量說出一樣與不一樣的地方）

練習 6-5-1.2　運用生活實例：練習說出反推的意思（續）

2.聽聽看同學的說法，你的說法和他們哪裡一樣？哪裡不一樣？

練習題：「小峰從家裡到學校，需要先搭10分鐘的公車到早餐店門口，再走5分鐘到學校對面的便利商店，最後過馬路進入校門。」

【還可以怎麼說？】（用不一樣的說法說出例子的意思）

【比一比】

1.這個說法和你之前的說法哪裡一樣？哪裡不一樣？

2.聽聽看同學的說法，你的說法和他們哪裡一樣？哪裡不一樣？

※老師或家長可透過提問引導，幫助學生了解一個例子可以正面說，也可以反面說。

策略 6-5-2 從不同方向思考題目意思

　　為幫助學生能從不同角度來看題目的意思，而不只是由特定方向來理解題目的意思，使得思考被侷限住而無法順利解題，平時學生在練習各類題目的時候，老師或家長就需要不斷提醒學生「再想一想，題目的意思除了這樣說之外，還可以怎麼說？」（搭配練習 6-5-2.1 與練習 6-5-2.2），讓學生在解題時能從不同方向思考問題，一方面促進學生認知發展，一方面讓學生了解數學情境中的各種互逆關係。

✏ **練習 6-5-2.1　思考題目意思：說出題目的正向意思**

◎ 說明：當學生完成練習 6-5-1.1 與練習 6-5-1.2 後，了解可以用正向與反向
　　　　的方式說明同一個生活例子。除此之外，還需要讓學生練習從不同
　　　　方向思考數學題目，本練習先讓學生說出題目的正向意思，下一個
　　　　練習再讓學生試著反推題目意思。

> 說說看題目的意思

例題：「老師為班上同學準備邊長 10 公分的正方體小禮物，他將這些
　　　　小禮物裝進一個長 60 公分、寬 70 公分、高 50 公分的大紙箱，
　　　　剛好可以裝完且沒有浪費空間，請問老師最多準備幾份禮物呢？」

【範例參考】「老師準備了很多個每邊長都是 10 公分的正方體盒子，
　　　　　　他把這些盒子放進一個長方體的大紙箱裡面，這個大紙箱
　　　　　　的長是 60 公分、寬是 70 公分、高是 50 公分，結果老師
　　　　　　準備的所有小禮物都剛好放得進去，題目要問的是這個大
　　　　　　紙箱最多可以放多少個邊長 10 公分的正方體小禮物？」
　　　　　　　　　　　　　　　　　（學生用自己的話說出題目意思）

練習題：「文宣的玩具車有兩個大小不同的齒輪，大齒輪有 60 齒，小
　　　　　齒輪有 35 齒，他在兩個齒輪相會的地方各做一個記號，請問
　　　　　這兩個齒輪的記號下一次再相會時，它們各轉了幾圈？」

【用自己的話說說看】（說得愈清楚愈好）

※除上述題目外，老師或家長盡量提供不同類型的題目，讓學生說出這些題目的
　意思。

練習 6-5-2.2　思考題目意思：找出題目意思還可以怎樣說

◎ 說明：學生完成練習 6-5-2.1 說出題目的正向意思後，接著讓學生想一想還
　　　　有哪些方式可以用來說明題目的意思。此時如果學生陷入特定思考
　　　　方向，老師可以提醒學生題目的意思還可以反過來說，甚至可以提
　　　　供示範。

動動腦，題目的意思還可以怎麼說？

例題：「老師為班上同學準備邊長 10 公分的正方體小禮物，他將這些
　　　　小禮物裝進一個長 60 公分、寬 70 公分、高 50 公分的大紙箱，
　　　　剛好可以裝完且沒有浪費空間，請問老師最多準備幾份禮物呢？」

【還可以怎麼說？】（用不一樣的說法說出例子的意思）

【範例參考】「老師有一個長是 60 公分、寬是 70 公分、高是 50 公分
　　　　　　的大紙箱，他想將為班上同學準備的邊長 10 公分的正方
　　　　　　體小禮物，全部都放進這個大紙箱裡面，他準備的小禮物
　　　　　　份數不可以超過幾份？」（鼓勵學生盡量用不同方式說出
　　　　　　意思）

【比一比】

1. 這個說法和你之前的說法哪裡一樣？哪裡不一樣？

　　例如：「一樣的地方是兩個說法都可以用來說出這個例子的意思；
　　　　　　不一樣的地方是之前的說法是大紙箱最多可以放幾個邊長 10
　　　　　　公分的正方體，之後的說法是老師想將小禮物都放進大紙箱
　　　　　　的話，他準備的小禮物份數不可以超過幾份。」（鼓勵學生
　　　　　　盡量指出一樣與不一樣的地方）

2.聽聽看同學的說法，你的說法和他們哪裡一樣？哪裡不一樣？

練習題：「文宣的玩具車有兩個大小不同的齒輪，大齒輪有 60 齒，小
　　　　齒輪有 35 齒，他在兩個齒輪相會的地方各做一個記號，請問
　　　　這兩個齒輪的記號下一次再相會時，它們各轉了幾圈？」

【還可以怎麼說？】（用不一樣的說法說出例子的意思）

【比一比】

1.這個說法和你之前的說法哪裡一樣？哪裡不一樣？

2.聽聽看同學的說法，你的說法和他們哪裡一樣？哪裡不一樣？

策略 6-5-3 　進行各種認知推理遊戲

　　當學生的認知發展愈成熟，愈能從各種不同方向來思考問題，對於需要運用反推思考的數學內容（如：乘除互逆）愈能輕鬆應付。例如：個案雅容覺得數學單元變得抽象難懂，減低學習數學的興趣；個案小齊無法聯繫數學概念與問題情境，在掌握數學律則上出現困難；他們都出現認知發展未足以應付數學課程的情形，面臨極需提升認知發展的挑戰。

　　因此，為了幫助學生增進認知發展，平時就應盡量提供各種認知推理活動，讓學生從遊戲中習慣動腦思考，提升其認知思考的能力，進而能從容應付逐漸抽象的數學課程。關於這部分的練習活動，可參考《我可以學得更好中年級版》單元七整數文字題（策略 7-7-1 與練習 7-7-1.1、練習 7-7-1.2）。

單元七

分數概念
與運算

吳昭容

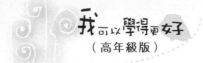

個案一

逸群

　　逸群是六下的女生，數學成績通常是五、六十分。一碰到分數的應用題，她常常看不懂題目；該加或減的題目勉強可以列式正確，但乘除就常常是亂猜的。課堂有個題目如下，逸群列式正確，列式的理由卻是錯誤的。

　　「一瓶果汁倒出裡面的 $\frac{2}{5}$ 到量杯中，剛好是 $\frac{12}{35}$ 公升，問一瓶果汁是多少公升？」

　　逸群列式為 $\frac{12}{35} \div \frac{2}{5} = ($　　$)$，但理由是，$\frac{12}{35}$ 看起來比較大，可以被 $\frac{2}{5}$ 除，計算就不會算了。

　　問她 $\frac{12}{35}$ 比 $\frac{2}{5}$ 大嗎？怎麼知道的？逸群支支吾吾地說：「其實我是看 12 比 2 大，35 比 5 大。我知道應該要通分。」在要求下，逸群可以正確將 $\frac{2}{5}$ 擴分成 $\frac{14}{35}$，但不太能說明其道理。同一題，看到有同學列成 $\frac{2}{5} : \frac{12}{35} = 1 : ($　　$)$，並不能理解其意。

　　要求逸群把 $\frac{6}{27}$ 化成最簡分數，她也無法完成。

　　面對「圍棋社有 45 人，男生有 30 人，請用比的符號記錄圍棋社中男女的比，其比值為多少？」逸群錯誤地用全體人數去和男生比較，寫成 $45 : 30 = \frac{45}{30}$。

　　分數乘以分數的計算題可以正確，$\frac{3}{5} \times \frac{4}{5} = \frac{12}{25}$，但分數乘以整數卻錯誤，$\frac{5}{7} \times 4 = \frac{20}{28}$。

個案二　威宏

威宏是個六下的男生，在面對應用題的時候多半都能正確列式，運算則常常有不知所以然的作法。分數課程正在進行分數除以分數的解題與計算，他的解題是

「一瓶果汁倒出裡面的 $\frac{2}{5}$ 到量杯中，剛好是 $\frac{12}{35}$ 公升，問一瓶果汁是多少公升？」

$$(\quad) \times \frac{2}{5} = \frac{12}{35}$$

$$\frac{2}{5}\text{瓶} = \frac{14}{35}\text{瓶}$$

$$12 \div 14 = \frac{12}{14} \qquad\qquad \text{答：}\frac{12}{14}\text{公升}$$

對於第二步，威宏的理由是，班上同學說把 $\frac{2}{5}$ 擴分成 $\frac{14}{35}$ 才比較好算。問他 $\frac{2}{5}$ 擴分成 $\frac{14}{35}$ 是什麼意思，他能一邊畫圖一邊回答：「就是把每一個 $\frac{1}{5}$ 都再等分成 7 份，就會變成有 35 份，而原本的 2 個 $\frac{1}{5}$，就會變成有 14 個等份。」

第三個算式，威宏會算，但卻說不知道為什麼要 $12 \div 14$。

威宏能正確地做出真分數乘以真分數的運算，但是解題速度很慢，常會遲疑很久。在面對帶分數乘法時，威宏會出現整數乘以整數、分數乘以分數的錯誤解法，然後表現出疑惑的樣子，卻又無法發現還遺漏了哪些步驟；帶分數乘以真分數，還會在真分數部分創造出一個整數 1 來。下面兩例：

$$3\frac{3}{4} \times 1\frac{2}{10}$$
$$= 3 \times 1 + \frac{3}{4} \times \frac{2}{10}$$
$$= 3\frac{3}{20}$$

$$2\frac{1}{5} \times \frac{4}{11}$$
$$= 2 \times 1 + \frac{1}{5} \times \frac{4}{11}$$
$$= 2\frac{4}{55}$$

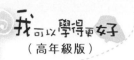
對於「$\frac{3}{5}$公斤的魚鬆裝一罐，$3\frac{1}{2}$罐的魚鬆是多少公斤？」威宏能
正確解題如下，但無法解釋為何要分子相乘、分母相乘。

$$\frac{3}{5} \times 3\frac{1}{2}$$
$$= \frac{3}{5} \times \frac{7}{2}$$
$$= \frac{3 \times 7}{5 \times 2}$$
$$= \frac{21}{10} = 2\frac{1}{10}$$

威宏可以正確解決異分母大小比較或加減的運算，但不會使用
最小公倍數的方式，通常直接將兩個分數的分母相乘，例如比較$\frac{9}{21}$
（　　）$\frac{7}{15}$，威宏的解題是，$\frac{135}{315}$（<）$\frac{147}{315}$，所以常要花比較長的
時間進行大數字的運算。

綜合問題診斷

不理解等值分數、約分、擴分的意義，或是不熟練技能

威宏在解釋$\frac{2}{5}$擴分成$\frac{14}{35}$的過程中，顯示他理解等值分數與擴分的
意義，而逸群則不了解其意義。兩人都具備擴分技能，但逸群不會約
分，威宏則沒有檢驗到。

不理解通分的意義或不熟練技能

在比較異分母分數的大小時，威宏能主動使用通分，但並未使用最小公倍數來精簡運算的數字，而逸群則不會主動使用通分，但在要求下可以將分母較小的分數擴分成與另一分數同分母。由於不同題目在通分上的難度不同（詳見問題分析 7-2），威宏在通分的技能上比逸群來得好。

不理解分數的比和比值意義

兩個相同單位的量，例如圍棋社男生的人數和女生的人數，可以透過比較而產生一種倍數關係，一般的學生比較容易理解整數倍的關係，例如男生是女生的 3 倍，但不容易理解分數倍的意義，例如女生是男生的 $\frac{1}{3}$ 倍。比值的另一種問題，是無法把題目所問的兩個量，以適當的數量與順序表示出來，例如，問的是男生：女生，而非全體人數：男生。逸群不了解比和比值的意義，威宏則未檢驗。

無法解決比例問題

比例是兩個等值比的等式，$a : b = c : d，b, d \neq 0$，解決比例問題必須在理解題意之後，正確地列出比例式，隨後還要能正確運算。從逸群不了解同學解果汁問題時所列的比例式，可以推想他並不熟悉比例的列式與計算，而威宏則未檢驗。

無法正確解決分數乘除應用題

解決分數乘除應用題必須先能正確列出算式，其後要能理解運算的道理，並熟練技能。有不少學生能正確解決列出整數乘除應用題的算式，但一旦數字換成分數，列式就出現錯誤。我們在問題分析 7-5 中，將討論學生對於「乘」、「除」概念上的侷限性，以及分數概念上的問題，這會產生列式錯誤。另一個問題是，不了解分數乘除計算

法則的道理，只是硬背，當硬背的運算方式增多時，就會產生混淆，這會造成計算上的錯誤。本單元會以策略 7-5-3 至 7-5-6 介紹協助學生理解的方式。相對起來，熟練分數乘除的計算，主要就是得花足夠的時間練習，家長與老師可以自編或取得這類的練習題，本書不再贅述。

問題分析 7- 1：不理解等值分數與約分、擴分的意義

　　有些學生只學習了約分與擴分的程序性知識，既不理解等值分數的真正意涵，也不了解約分、擴分程序中各步驟的意義。

　　等值分數是用來表示相同數量的分數，也就是一個單位量經由不同的等分方式、取了不同的份數後，仍有可能表示相同的數量。要確認兩數是等值分數，可以透過具體物的大小比較，也可以透過擴分（分子、分母同乘一個非零的整數）或約分（同除一個非零的整數）的程序。

　　認識等值分數的初期，我們可以經由比較 $\frac{1}{2}$ 的圓形板與 $\frac{4}{8}$ 的圓形板發現兩者一樣大，而認識到 $\frac{1}{2}$ 塊披薩和 $\frac{4}{8}$ 塊披薩一樣大，並進一步承認 $\frac{1}{2}=\frac{4}{8}$，或是一盒蛋黃酥12個，$\frac{1}{3}$ 盒和 $\frac{2}{6}$ 盒都一樣是4個，而確認了 $\frac{1}{3}=\frac{2}{6}$。這樣的活動在使學生理解等值分數的意義上有很大的價值，我們會建議等到學生了解了這樣的意義後再教導約分與擴分的技巧。

　　擴分是分子、分母同乘一非零的數，以產生等值分數的程序。

$\frac{1}{2}=\frac{1\times 4}{2\times 4}$　　分子分母同乘一數，即原先的每一 $\frac{1}{2}$ 都再被等分成4等分

$\quad =\frac{4}{8}$　　　分割後的單位會改變，由原先的 $\frac{1}{2}$，變成 $\frac{1}{8}$

　　約分是分子、分母同除一非零的數，以產生等值分數的程序。

$\frac{4}{8}=\frac{4\div 4}{8\div 4}$　　8等份的披薩，每4等份合併成1大份

$\quad =\frac{1}{2}$　　　合併後的單位會改變，由原先的 $\frac{1}{8}$，變成 $\frac{1}{2}$

策略 7-1-1　從單位 1 的不同分割方式認識等值分數

　　本策略的目的在於使學生接受有理數系統下，同一量可以有許多不同的表徵方式，例如 27 也可以表示成 27.0，或是 $\frac{81}{3}$，也就是接受分數與小數這種多元表徵的特性。

　　從 1 著手，以不同類型的連續量教具，讓學生接受 1 也可以表示成 $\frac{2}{2}$ 或 $\frac{5}{5}$ 等各種分數形式。教具可以是長紙條（一維的），或圓形板、正方形（二維的），記得要進行比較的單位 1 的教具要一樣的形狀與大小，就如同我們在比較 $\frac{1}{3}$ 和 $\frac{3}{7}$ 何者較大時，不可能前者是 $\frac{1}{3}$ 個圓形蛋糕，而後者是 $\frac{3}{7}$ 個方形蛋糕。要便利地製作圓形板，建議可以在文具店買個割圓器，它的原理和圓規相似，只是原本放筆心的地方改成刀片，可以很方便地割下一個圓。

　　家長或老師可以用各種不同顏色的海報紙製作不同單位分數量的圓形紙板，這些圓形板大小完全一樣，一面保持空白，另一面則畫有等分的線條，例如紅色的圓形畫出 3 等份的線、藍色的畫出 4 等份的線、綠色的 5 等份、黃色的 6 等份、粉紅色的 7 等份、紫色的 8 等份、橘色的 9 等份、咖啡色的 12 等份……。

　　先讓學生看空白面的圓形板，讓他比較其中兩個，例如 3 等份的紅色圓形板與 6 等份的黃色圓形板，確認兩者一樣大。然後翻過來其中一個看到等分的線條，詢問「這個圓被等分成 3 等份，其中 1 等份怎麼表示？」「$\frac{1}{3}$」，「2 等份呢？」「$\frac{2}{3}$」，「那 3 等份呢？」「$\frac{3}{3}$」，「所以 1 個圓等於 $\frac{3}{3}$ 個圓，怎麼用算式記錄？」「$1 = \frac{3}{3}$」。另一個圓形板如法炮製，推導出 $1 = \frac{6}{6}$。「這兩個圓都是一樣大，我們剛剛都說他們是相等的 1，所以 $\frac{3}{3} = \frac{6}{6}$。」如圖 7-1 所示。

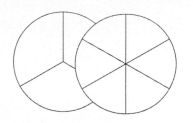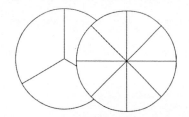

圖 7-1

因為本策略的目的不在探討約分、擴分，所以像是 $\frac{3}{3}=\frac{8}{8}$ 或 $\frac{5}{5}=$ $\frac{7}{7}$ 的圓形板也都可以使用。這些操作目的在使學生接受，表面上差異很大的數字可以因為不同的切割方式而有不同的表示方式，並藉由等號的遞移性，而可以接受等值分數。

策略 7-1-2　在連續量的操作情境下認識等值分數

本策略目的在讓學生理解真分數範圍內的等值分數，圓形板是最適合的教具，因為即使只取部分量，如 $\frac{3}{4}$，1 個圓仍隱約存在部分量的具體物中。老師或家長可以將割圓器的半徑固定後，在一個稍厚的紙張上割下一部分的圓，例如 $\frac{2}{3}$ 個圓，再提供前一策略所製作各種單位分數的圓形板來填充這個 $\frac{2}{3}$ 個圓。

若學生在拼填的時候用了不同顏色的單位分數，家長或老師應該帶領學生再回到分數的基本概念，例如學生勉強地把 3 片 $\frac{1}{7}$ 和 1 片 $\frac{1}{4}$ 湊成 $\frac{2}{3}$，學生點數後，說「$\frac{2}{3}$ 也等於 $\frac{4}{7}$」，家長或老師可以詢問，「$\frac{4}{7}$ 是什麼意思？」「就是等分成 7 份中的 4 份。」「你這邊的 4 份是相等的嗎？」讓學生能在留意分數的等分意義的情況下，確認拼填的紙板必須是相同的單位分數。

◎ 說明：請用各種不同等分份數的圓形板拼拼看並把結果寫下來。請注意！
　　　　每一回只用一種顏色的圓形板哦！

(1)$\dfrac{6}{8}$＝（　　　）＝（　　　）＝（　　　）

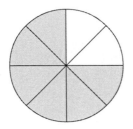

(2)$\dfrac{4}{6}$＝（　　　）＝（　　　）

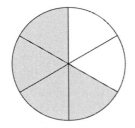

(3)$\dfrac{5}{10}$＝（　　　）＝（　　　）

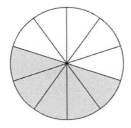

(4)$\dfrac{4}{7}$＝（　　　）

(5)$\dfrac{1}{3}$＝（　　　）＝（　　　）

策略 7-1-3　在離散量的畫圖情境下認識等值分數

「一盒草莓 12 顆，$\frac{1}{2}$盒和$\frac{3}{6}$盒一樣多嗎？」可以把「盒」換算成「顆」來比較。$\frac{1}{2}$盒轉換單位成為 6 顆（把 1 盒等分成 2 份取其中 1 份），而$\frac{3}{6}$盒也是 6 顆，確認$\frac{1}{2}$盒和$\frac{3}{6}$盒的草莓個數一樣多，所以$\frac{1}{2}=\frac{3}{6}$。

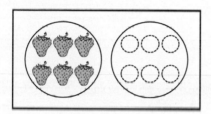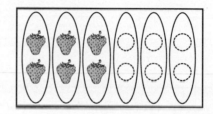

圖 7-2

　　雖然在邏輯上，一盒草莓 15 顆，它的$\frac{1}{2}$盒和$\frac{3}{6}$盒也會一樣多，但在這兩種分母的情況下，以 15 為內容物個數會增加計算上不必要的困難。所以初步認識等值分數時，通常選擇的內容物個數會是兩個要比較的分數分母之公倍數，例如圖 7-2 中 1 盒裝的 12 顆，12 是$\frac{1}{2}$和$\frac{3}{6}$兩個分母的公倍數。

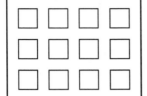

練習 7-1-3　圈出兩種等分的方式

◎ 說明：請在圖上塗色，並用圈圈把等分的情況圈出來。

(1) 一盒巧克力 12 片，$\dfrac{8}{12} = \dfrac{2}{3}$

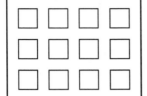

(2) 一盒章魚燒 12 顆，$\dfrac{2}{3} = \dfrac{4}{6}$

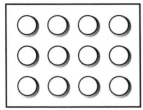

(3) 一張好兒童卡有 10 個章，$\dfrac{5}{10} = \dfrac{1}{2}$

策略 7-1-4 透過等值分數來理解擴分的意義

本策略延續策略 7-1-2 和 7-1-3，搭配具體物操作或圖示來說明擴分算則的道理。先以連續量情境為例，「這是一張色紙，$\frac{1}{2}$ 張色紙和 $\frac{4}{8}$ 張色紙一樣大」，在策略 7-1-2 已經可以確認兩者一樣大，接著家長或老師呈現算式。

$$\frac{1}{2}=\frac{1\times 4}{2\times 4}=\frac{4}{8}$$

詢問學生：「算式裡面的分母（2）×4，是剛剛摺紙（畫圖）時的哪個步驟？」學生應該指出：「就是把已經等分成 2 份的色紙，每一份再等分成 4 小格」，結果色紙就會被等分成 8 小格，這就會是等號右邊分數的分母 8。

詢問學生：「算式裡面的分子（1）×4，是什麼意思呢？」學生應指出：「原本是 $\frac{1}{2}$ 張色紙，也就是塗色的只有其中 1 份，現在每一份都被等分成 4 小格，所以換成小格來算，1 份就會變成 4 小格，也就是等號右邊分數的分子。」

結果如圖 7-3，就是「分母的 2 份，會變成 8 小格，分子部分塗色的 1 份，就變成 4 小格。」

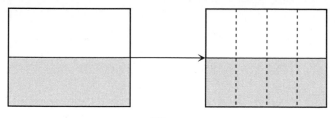

圖 7-3

離散量情境，如「一盒巧克力 9 顆，$\frac{2}{3}$ 盒和 $\frac{6}{9}$ 盒一樣多」，在策略 7-1-3 已經可以確認兩者的巧克力數目一樣多，本策略的目的是理解擴分算則的意義，亦即算則中 $\frac{2}{3}$ 的分子分母同乘 3，是把每一份再

等分成 3 小份，那麼原本 3 份就變成 9 小份，2 份就變成 6 小份，這就是同樣的巧克力的份量，只是用不同的表示方式：3 等份的 2 份，還是 9 小份的 6 小份。見圖 7-4。

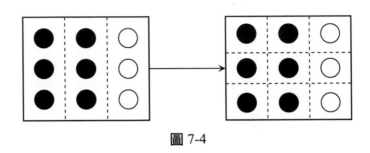

圖 7-4

除了真分數的擴分之外，學生還需要理解在假分數情境或帶分數情境下的擴分。建議搭配圖示（可用練習 7-1-2 和 7-1-3 的教具或圖示），並喚起學生對於假分數與帶分數轉換的原理，來說明兩者擴分時的道理。

例如 $\frac{3}{2} = \frac{(\quad)}{8}$ 個披薩。如果要把每個 $\frac{1}{2}$ 個披薩都再等分成 4 份，那麼每個 $\frac{1}{2}$ 個披薩可以被看成 $\frac{4}{8}$ 個披薩，而 $\frac{3}{2}$ 個披薩，就可以算出是 $\frac{12}{8}$，假分數的擴分在運算上和真分數相同。

帶分數呢？$1\frac{1}{2}$ 個披薩 $= 1\frac{4}{8}$，為何前面的整數部分不需要乘上 4 呢？因為整數部分的記法就是忽略等分份數，只管有幾個完整的個物的表示方式，那個完整的披薩，不管分數部分是用 $\frac{1}{2}$ 的切法，還是 $\frac{1}{8}$ 的切法，當我們要用帶分數表示時，整數部分都是完整的 1 個披薩。

擴分的作業通常如 $\frac{2}{3} = \frac{(\quad)}{15}$ 或 $\frac{2}{3} = \frac{10}{(\quad)}$，也就是指定分母找分子，或指定分子找分母，概念上就是要找出每一份要再被切割成幾個小份，熟練九九乘法的學生應該可以迅速地找出 $3 \times (\quad) = 15$ 或 $2 \times (\quad) = 10$。理解擴分的意義後，就必須熟練這個技能，見練習 7-1-4。

◎ 說明：在（　　　）內填入適當的數字，並在空白處寫下你的算法。

(1)$\dfrac{2}{5}=\dfrac{(\quad)}{25}$

(2)$\dfrac{5}{4}=\dfrac{(\quad)}{12}$

(3)$\dfrac{1}{6}=\dfrac{4}{(\quad)}$

(4)$\dfrac{2}{3}=\dfrac{14}{(\quad)}$

(5)把 $5\dfrac{4}{5}$ 擴分成分母為 15 的帶分數（　　　）。

(6)把 $8\dfrac{1}{6}$ 擴分成分子為 3 的帶分數（　　　）。

(7)$\dfrac{4}{5}$ 條蛋糕，每一等分又再分成 2 塊，也可以說是（　　　）條蛋糕。

(8)$\dfrac{3}{4}$ 張披薩 $=\dfrac{6}{8}$ 張披薩，是原本的每一等份又被等分成（　　　）小份。

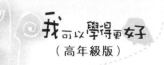

策略 7-1-5　透過等值分數來理解約分的意義

約分是分子、分母同除以一個非零的數，所以宜先幫學生複習包含除與找公因數的概念與運算。

包含除，就是二、三年級時已經學過的「把東西分裝」的除法問題。

「每個袋子裝 3 顆排球，15 顆排球會裝成幾袋？怎麼列式，畫圖怎麼表示？」

3「顆」排球可以轉換成為大單位「袋」，畫圖時可以把 3 顆排球圈起來。

約分則可視同合併成較大單位的過程，如：

「15 顆巧克力裝一盒，$\frac{6}{15}$ 盒可以約分成 $\frac{2}{5}$ 盒，為什麼？」

每 1 顆巧克力都等於 $\frac{1}{15}$ 盒，$\frac{6}{15}$ 是把一盒等分成 15 等份的表示方式。如果把每 3 顆巧克力合併成 1 大份，15 等份就會變成 5 大份，分子的 6 等份也會變成 2 大份，分數的表示方式就會改變，但是它的大小沒有改變。所以，在約分時宜搭配畫圖詢問：「算式裡面的分母 15÷3，是剛剛畫圖時的哪個步驟？」

連續量的例子，可將策略 7-1-4 的色紙例子顛倒，「這是一張色紙，$\frac{4}{8}$ 張色紙會和 $\frac{1}{2}$ 張色紙一樣大，這要怎麼解釋呢？」如圖 7-5 般用類似的合併的概念加以解釋。

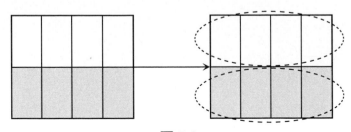

圖 7-5

假分數的約分原理與真分數的類似，至於帶分數的約分，其重點與擴分相同，應搭配圖示來說明整數部分在約分過程中沒有改變。

　　另外，最簡分數即是把分數化成不能再約分的分數，例如 $\frac{8}{24}$ 必須找到 8 和 24 的最大公因數 8，分子分母同除以 8，即可化簡為 $\frac{1}{3}$。要快速化成最簡分數，需熟練找最大公因數的技巧，否則就需要多幾次的化簡步驟。要熟練化簡，可以透過熟練除數未知的除法來達成。例如 $\frac{10}{15} = \frac{(\quad)}{3}$ 的化簡，需能很快估計 $15 \div \square = 3$，$\square = 5$。

◎ 說明：在（　　　）中填入適當的數字，並在空白處寫下算法。

(1) $\dfrac{6}{16} = \dfrac{(\quad)}{8}$　　　　　　　　　　(2) $\dfrac{15}{25} = \dfrac{(\quad)}{5}$

(3) $\dfrac{12}{18} = \dfrac{2}{(\quad)}$　　　　　　　　　　(4) $\dfrac{14}{56} = \dfrac{2}{(\quad)}$

(5) 把 $3\dfrac{8}{24}$ 約分成分母為 3 的帶分數（　　　　）。

(6) 把 $7\dfrac{8}{12}$ 約分成分子為 2 的帶分數（　　　　）。

(7) $\dfrac{9}{15}$ 條蛋糕，把每 3 等分看成 1 大塊，也可以說是（　　　　）條蛋糕。

(8) $\dfrac{75}{100}$ 公尺 $= \dfrac{3}{4}$ 公尺長的紙條，是把原本的 100 等份中的每（　　　）等份合併。

(9) 把下列的分數化成最簡分數。

　　$\dfrac{12}{15} = (\quad\quad)$　　　$\dfrac{57}{72} = (\quad\quad)$　　　$\dfrac{80}{24} = (\quad\quad)$　　　$4\dfrac{24}{32} = (\quad\quad)$

策略 7-1-6 透過速示卡熟練找兩數的最大公因數

　　為能簡潔地將分數化成最簡分數，學生宜熟練找出分子分母的最大公因數，速示卡即以閃示的方式呈現卡片，通常答題時間非常短，大約一兩秒，讓學生必須集中注意力、快速回答，以達成熟練的目的。為方便老師或家長快速確認學生的答案的正確性，卡片背面可註記正確答案。

　　卡片上下（以模擬分子分母的位置）各有一個整數，學生必須盡快地報告兩數的最大公因數。如果兩數互質，則最大公因數就是「1」，也就是無法再約分。

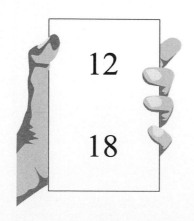

✏ **練習 7-1-6　找出最大公因數**

◎ 說明：找出上下兩個數的最大公因數，要盡量快，也要正確。

| 34 | 22 | 3 | 21 | 6 |
| 17 | 11 | 13 | 7 | 15 |

| 48 | 8 | 15 | 19 | 36 |
| 40 | 50 | 27 | 38 | 48 |

問題分析 7-2：不理解通分的意義或不熟練技能

學生面對異分母分數比大小或加減的題型，因為經常被耳提面命而知道要通分，不過，這不表示學生了解通分的意義。

通分是使兩個（或以上）分數具有相同單位的程序，當兩分數的分母之間互質或有簡單整數倍的關係時，例如 $\frac{4}{5}$ 和 $\frac{3}{7}$ 或 $\frac{4}{5}$ 和 $\frac{7}{15}$ 的通分較為容易。相反地，若是 $\frac{11}{15}$ 和 $\frac{8}{21}$ 的通分，一種方式是不管最小公倍數的問題，直接以 15×21 為新分母，但得面對數字較為龐大的計算。另一種方式則需多一個找最小公倍數的步驟。所以通常第三種情況的計算比較困難。

策略 7-2-1 以非例行性問題檢驗對通分的認識

「$\frac{1}{3}$ 與 0.3，何者比較大呢？」有些學生覺得兩者一樣大，因為都有 3，有些則會認為 $\frac{1}{3}$ 比較大，因為它多了一個 1。從這類錯誤反應可發現，在面對不常見的問題時，學生完全沒有想到要通分，一方面顯示了分數和小數的聯繫不好，另一方面也顯示學生對判斷何時要運用通分仍不甚清楚。

通分的意義是在兩數的等分份數不同，無法直接從表示方式中進行大小比較或是運算，故透過等值分數的概念，將兩個分數轉換成具有相同分母的分數。

練習 7-2-1　怎麼比大小？

◎說明：請在（　　　）內填入＞、＜、＝，說說看，為什麼？

(1) $\frac{1}{4}$ （　　　）1.4

(2) $\frac{7}{10}$ （　　　）0.75

(3) $\frac{8}{20}$ （　　　）0.4

(4) $\frac{6}{100}$ （　　　）0.6

策略 7-2-2 透過速示卡熟練最小公倍數

　　通分兩個分數時，不分青紅皂白地就把兩個分數的分母相乘，雖然在邏輯上是可行的，但有時會使運算產生很大的數值，尤其在多步驟加減時，三、四個分數的通分就更是驚人。所以，在學生理解通分的意義後，我們期待他們可以學習運算上更為精簡的步驟，速示卡可用來熟練找兩個分數的最小公倍數，而讓通分變得自動化。

　　建議卡片中的兩數應該包含底下不同情況：一數為另一數的倍數；兩數互質；兩數非互質，但也不具倍數關係。

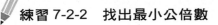

練習 7-2-2　找出最小公倍數

◎ 說明：找出兩個數的最小公倍數，要盡量快，也要正確。

(1) 15　3　　　　(2) 6　11　　　　(3) 9　27　　　　(4) 4　10

(5)　8　5　　　　(6) 7　35　　　　(7) 6　21　　　　(8) 8　12

問題分析 7-3：不理解比和比值的意義

　　比是一種數的有序對，用以表示相同量或不同量的比較關係，可以用 a：b 或 a÷b 表示，b≠0，其比較的結果稱比值，可以用分數 $\frac{a}{b}$ 表示。b 是基準量，而 a 是比較量。

　　在國小數學課程中，比的問題通常是在給定 a 和 b 的情況下求比值，或是給定 a 和比值或 b 和比值的情況下求 b 或 a，其中 a 和 b 的關係可能是兩個獨立的量，例如弟弟的錢和哥哥的錢，或是部分量與整體量，例如投進籃的球數和投球數。同類量的比較，表示的是一種倍數關係，例如弟弟的錢是哥哥的 $\frac{1}{2}$ 倍，其比值是沒有單位的，不同類量的比較，有時會產生另一種衍生的量，例如單位時間內移動的距離，就產生了速率，其比值有單位。

　　比和比值常見的困難有二，一是搞不清楚比值是一種比較的關係，在同類量比較之下，其比值是沒有單位的，例如紅色彩帶的長度是藍色彩帶的 $\frac{2}{3}$ 倍，但學生有時會在比值之後加上單位，例如 $\frac{2}{3}$「公尺」。二是不清楚該比值是何者除以何者？一方面是因為關係語句的理解本來就比較困難，老師或家長可以改採學生比較熟悉的情境，之後再讓學生類比出原本題目的語意，另一方面則是因為「倍」的概念在低、中年級時都侷限在整數倍，也就是大數除以小數的情境下，而高年級的比值常有分數倍，較會產生困難。

　　母子和與母子差是比和比值的轉換應用的問題，難度較高，透過畫圖表徵題意，有助於掌握題目中已知與未知數間的關係。

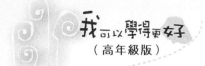
策略 7-3-1　以日常生活的例子強化比與比值的意義

　　比的基本概念在於一種比較的關係，其中何者是基準量，何者為比較量，是非常重要的。我們可以運用學生熟悉的情境，說明基準量與比較量的關係，並賦予比值的意義，例如調製奶茶時，每 5 杯牛奶就配 2 杯紅茶，這樣就可以以「牛奶比紅茶為 5：2 表示」，也可以說「牛奶是紅茶的 $\frac{5}{2}$ 倍」。為了強化比的順序性，可以讓學生說說看，換成「紅茶比牛奶為 5：2」，和前面的說法有何不同？哪一種情況的奶茶顏色比較深？或是把「牛奶是紅茶的 $\frac{5}{2}$ 倍」換成「牛奶是紅茶的 $\frac{2}{5}$ 倍」，是牛奶比較多，還是紅茶比較多？這樣的對照在使學生理解，描述比值時提到牛奶與紅茶的順序，以及數值的關係會影響這個奶茶的濃淡。

　　還有哪些例子呢？與奶茶類似的是一些液態物質的調製，例如水彩、油漆顏色、雞尾酒、糖水……等。第二類的例子是兌換的問題，例如 5 個笑臉貼紙換 1 個獎章，或 1 元美金可兌換 33 元台幣，題目中誰換誰的順序很重要。第三類的例子是離散量的比值，可拿來與兩量的多寡相互對照，例如哥哥的零用錢是姊姊的 $\frac{2}{3}$，到底誰的零用錢多？一樣多的時候，比值會是多少？第四類是部分與整體的關係，例如班上有 33 名小朋友，有 8 個人戴眼鏡，那麼戴眼鏡的小朋友占全班的多少？練習 7-3-1 提供了一些範例。

練習 7-3-1　用比或比值來表示

◎說明：請在（　　）內填入適當的比或比值。

⑴每 1 杯梅酒對 3 杯汽水，這樣的雞尾酒，梅酒是汽水的幾倍？請用比值表示（　　）。

⑵1 歐元可兌換 40 元台幣，請用比表示歐元對台幣的關係（　　）。

⑶每 1 杯梅酒對 2 杯汽水，和每 1 杯梅酒對 3 杯汽水，哪一種雞尾酒的酒精濃度比較高？用比值和＞的符號表示（　　）＞（　　）。

⑷藍寶寶撲滿的錢是 350 元，紅寶寶撲滿的錢是 250 元，問紅寶寶的錢是藍寶寶的幾倍，請以最簡分數表示（　　）。

⑸游泳班有 65 位小朋友參加測試，通過初級考試的有 55 位，通過的比值是全班的多少？（　　）。通過的和沒通過的比值是多少？（　　）。

⑹已知參加羽球社的六年級小朋友比五年級多，請問六年級和五年級參加羽球社學生的比值是 $\frac{4}{3}$ 還是 $\frac{3}{4}$？（　　）。

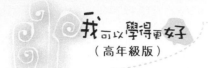
策略 7-3-2　以特殊例破除同類量比值有單位的迷思

以「紅色彩帶 2 公尺，藍色彩帶 3 公尺，問紅色彩帶的長度是藍色彩帶的幾倍？」為例，有些學生會回答 $2 \div 3 = \frac{2}{3}$ 公尺，而且很難理解為何不該有單位。此時如果以學生比較有量感的情境，例如身高為例，應該比較容易製造認知衝突。大人們可以換個例子：「有個籃球選手高 200 公分，他的學生是 150 公分，請問這個籃球選手的身高是他的學生的幾倍？」可以解倍數問題且能化簡的學生應該就會回答 $200 \div 150 = \frac{200}{150} = \frac{4}{3}$，此時比較容易發現 $\frac{4}{3}$「公分」這樣的答案很奇怪。

各種不同單位的題目，總能找到一些是學生比較熟悉而具有量感的情境，例如：「柯南電視版片長 25 分鐘，劇場版片長 100 分鐘，電視版的片長和劇場版的比是多少？」$25 \div 100 = \frac{1}{4}$，比較容易發現不可能是 $\frac{1}{4}$ 分鐘。

離散量的情境如果選擇適當的數字也可以製造認知衝突，例如做造型氣球，做小狗需要 2 個長氣球，做頑皮豹需要 5 個長氣球，做小狗和做頑皮豹需要的氣球比值是多少？看到 $\frac{2}{5}$「個」氣球，也比較會察覺其中的怪異。

要破除迷思不是一蹴可成的，換了問題情境，學生可能又會出現原本的問題，大人們宜留意哪個例子是最具有效果的，比方在第一次提到時，學生馬上理解到這樣的比值不應該加上單位，那麼一旦學生又出現類似的迷思，就可以以這個例子作為提醒。

策略 7-3-3 以特殊情境的對照來破除只有整數倍的迷思

「弟弟每個星期的零用錢是 100 元，哥哥的是 200 元，哥哥的零用錢是弟弟的幾倍？」

$$200 \div 100 = 2 \ 倍$$

「那反過來說，弟弟是哥哥的多少？」學生則會回答「一半」，大人緊接著要求用分數表示「一半用分數表示就是？算式要怎麼寫？」應該可以引出：

$$100 \div 200 = \frac{1}{2}$$

「所以也有分數倍哦！弟弟是哥哥的 $\frac{1}{2}$ 倍，也就是只有哥哥的一半。」

上述的例子刻意選擇兩倍與一半的特殊數字，目的在製造出一種對照的效果。以下的練習 7-3-3，重點在於提供對照的兩種問法，以及兩個算式的寫法，用來強調比值的順序性，同時破除倍數必須大數除以小數的迷思。

◎ 說明：列出算式，寫出比值。

(1)爸爸一頓可以吃 30 個水餃，姊姊可以吃 10 個水餃。

(1)-1 爸爸吃的是姊姊的幾倍？　　(1)-2 姊姊吃的是爸爸的幾倍？

(2)大水壺可裝水 5 公升，小水壺裝水 2 公升。

(2)-1 大水壺的容量是小水壺的幾　(2)-2 小水壺的容量是大水壺的幾
　　　倍？　　　　　　　　　　　　　　倍？

(3)操場跑道的最外圈長 275 公尺，最內圈長 250 公尺。

(3)-1 最外圈的長度是最內圈的幾　(3)-2 最內圈的長度是最外圈的幾
　　　倍？　　　　　　　　　　　　　　倍？

(4)遊樂場兌換禮物，每 8 顆彈珠可兌換 1 個彈力球。

(4)-1 彈珠的數量和彈力球的比　　(4)-2 彈力球的數量和彈珠的比
　　　是？　　　　　　　　　　　　　　是？

策略 **7-3-4** 用數線圖表示母子和、母子差等類型的問題

　　母子和、母子差等類型的問題，是許多高年級學生會有困難的題目。以下呈現四種常見的題型，每一種題型各用兩種方式表示兩個部分量的比較，一種是「每 5 個 A 就有 4 個 B」，另一種是「A 是 B 的 $\frac{5}{4}$ 倍」，兩種陳述方式的語意是相同的，但因應敘述方式而畫的圖示不同。以下呈現題目的圖示，以及解題的可能方式。

1-1 五年級全部有 108 名學生，裡面每 5 個男生就有 4 個女生，問男生有幾人？

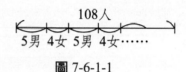

圖 7-6-1-1

$108 \div (5 + 4) = 12$，$12 \times 5 = 60$

1-2 五年級全部有 108 名學生，裡面男生是女生的 $\frac{5}{4}$ 倍，問男生有幾人？

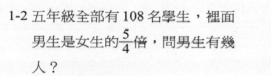

圖 7-6-1-2

$108 \div (\frac{5}{4} + 1) = 108 \div \frac{9}{4}$

$= 108 \times \frac{4}{9} = 48$，$48 \times \frac{5}{4} = 60$

2-1 五年級裡每 5 個男生就有 4 個女生，男生有 60 人，問女生有多少人？

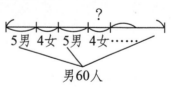

圖 7-6-2-1

$60 \div 5 = 12$，$12 \times 4 = 48$

或 $5 : 4 = 60 : ($ 　　 $)$，$60 \div 5 = 12$，$4 \times 12 = 48$

2-2 五年級裡男生是女生的 $\frac{5}{4}$ 倍，男生有 60 人，問女生有多少人？

$60 \div 5 = 12$，$12 \times 4 = 48$

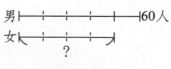

圖 7-6-2-2

3-1 五年級裡每 5 個男生就有 4 個女生，男生有 60 人，問五年級全部有多少人？

$5 : 4 = 60 : （\quad）$，

$60 \div 5 = 12$，

$4 \times 12 = 48$，$60 + 48 = 108$

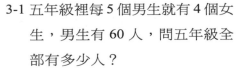
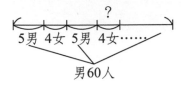

圖 7-6-3-1

3-2 五年級裡男生是女生的 $\dfrac{5}{4}$ 倍，男生有 60 人，問五年級全部有多少人？

$60 \div \dfrac{5}{4} = 48$，

$48 \times （1 + \dfrac{5}{4}） = 108$

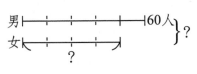

圖 7-6-3-2

4-1 五年級裡每 5 個男生就有 4 個女生，男生有 60 人，問男女生相差多少人？

$5 : 4 = 60 : （\quad）$，

$60 \div 5 = 12$

$4 \times 12 = 48$

$60 - 48 = 12$

或 $60 \div 5 = 12$，$1 \times 12 = 12$

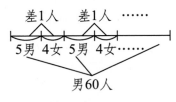

圖 7-6-4-1

4-2 五年級裡男生是女生的 $\dfrac{5}{4}$ 倍，男生有 60 人，問男女生相差多少人？

$60 \div \dfrac{5}{4} = 48$，$60 - 48 = 12$

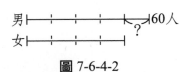

圖 7-6-4-2

◎說明：畫出題意，然後列式、解題。

(1)有個趣味競賽是每 2 個家長要搭配 3 個小朋友，已知全部參加的人有 60 人，問裡面有多少小朋友？

(2)有個卡通節目總長 30 分鐘，其中廣告和節目時間比為 1：5，問節目時間有多少分鐘？

(3)一條緞帶剪成甲乙兩段，甲段的長度是乙段的 $\frac{3}{4}$ 倍，已知兩段相差 50 公分，這條緞帶原本長多少公分？

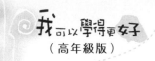

問題分析 7-4：無法解決比例問題

比例是兩個等值比的等式，a：b＝c：d，b,d≠0。無法針對比例應用題正確列式，問題情境陌生或非整數是原因之一，例如：4 公升的沙拉油重 $\frac{29}{7}$ 公斤，就比 4 桶沙拉油重 8 公斤困難；對照的兩個句子陳述的順序不同，是另一個常造成錯誤列式的原因，例如 4 桶沙拉油重 8 公斤，2 公斤的沙拉油是幾桶？

解題時運算的困難，則與比例中的數值有關。以往文獻顯示比例問題 a：b＝c：（　　　）的難度，主要受 $\frac{b}{a}$ 或 $\frac{c}{a}$ 是否為整數倍的影響，其難度可分為四種。首先，a 為 1 最為簡單，可視為單一步驟的乘法問題，例如：「1 包糖果 32 元，3 包多少元？」

其次，b 為 a 的整數倍，且 c 也是 a 的整數倍，例如「2 包糖果 60 元，4 包糖果多少元？」小朋友可以採用 60÷2，求得一包的單價，再以 30×4。抑或是 2×（2）＝4，找出 4 包是 2 包的 2 倍，再把 60 元乘以 2 倍。所以兩種方式可以圖解如圖 7-7

$$2：60 = 4：（\qquad） \qquad\qquad 2：60 = 4：（\qquad）$$
$$1：30 = 4：（\qquad） \qquad\qquad\qquad\qquad ×2$$

圖 7-7

第三，是 $\frac{b}{a}$ 或 $\frac{c}{a}$ 只有一個為整數的，例如：「2 包糖果 60 元，3 包糖果多少元？」或「2 包糖果 35 元，4 包糖果多少元？」因為上述兩種可用的簡單解法，只能採取其一。

最困難的則是 $\frac{b}{a}$ 或 $\frac{c}{a}$ 都非整數，此時解答必然為分數，例如：「2 包糖果 35 元，3 包糖果多少元？」解決這樣的問題必須先理解分數倍 $\frac{3}{2}$ 或是單價為分數的意義，所以必須先運用策略 7-3-1 至 7-3-3，熟悉比和比值的基本概念。

策略 7-4-1 簡化題目，列式後類比

「$\frac{29}{7}$公升的沙拉油重 4 公斤，多少公升的沙拉油重 20 公斤？」

「2 公升的沙拉油重 4 公斤，……」

「2 罐的沙拉油重 4 公斤，……」

我們可以發現上面三題，難度逐步遞減，簡化題目就是把分數換成整數，把較不熟悉的情境換成熟悉的情境，例如「公升」與「公斤」對容量與重量意義不清楚或量感差的學童而言，更是容易混淆的兩個單位，如果換成「2 罐沙拉油有 4 公斤重」，就變得更容易理解了。

化簡後的題目，必須列式、解題，之後把列式與解題的過程類比到原本的問題，也就是把題目中角色相同的數字，對照到算式中相同的位置上。

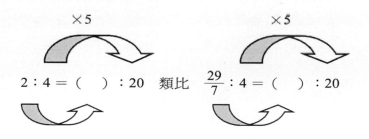

練習 7-4-1　換個容易的數字和內容

◎ 說明：請先把題目轉換成你比較有把握的數字和內容，寫在右邊，接著在新題目下列式、解題，想想看，原來的問題要如何解題？

(1) 5 公尺的棉布可以換$3\frac{3}{4}$公尺的麻，14 公尺的棉布，可以換多少公尺的麻？	
(2) $1\frac{2}{7}$公尺的鐵棒重 4 公斤，問 3 公尺的鐵棒重幾公斤？	
(3) 5 個小朋友吃 3 個月餅，問多少個小朋友，會吃$\frac{24}{5}$個月餅？	
(4) 即溶奶粉的沖泡方式為奶粉和水的比是 1：3，135 公克的水要加多少奶粉？	

策略 7-4-2　強化基準量與比較量的概念

當題目中對比的兩個句子陳述的順序不同時，會列錯算式的學生，一種可能性是只留意題目中的數字，未注意題意，宜在平時解題時提供這類題型，使其察覺有必要注意題目陳述的順序性。另一可能性則是因為搞不清楚基準量和比較量的關係，故宜回到策略 7-3-1，強化比的基本概念。

策略 7-4-3　系統地安排比例情境出現的順序

當學生在解最困難的第四類問題〔$a : b = c : ($ 　　$)$，$\dfrac{b}{a}$ 和 $\dfrac{c}{a}$ 均非整數〕出現狀況時，建議使用相同的情境（例如糖果的錢數、麵粉的重量或沙拉油的容量等），但把比例的結構換回到第二類（$\dfrac{b}{a}$ 和 $\dfrac{c}{a}$ 均整數）與第三類（$\dfrac{b}{a}$ 或 $\dfrac{c}{a}$ 為非整數），完成解題後，再類比回原本的題目。練習 7-4-3 舉了三個例子。至於因分數乘法或除法不會運算的問題，見後文策略 7-5-1 至 7-5-6。

◎ 說明：以下題目各有三小題，請先將三小題分別列式、解題，再比較這三
　　　　小題有何不同。

(1)-1　3 包砂糖 9 公斤，6 包砂糖重幾公斤？

(1)-2　3 包砂糖重 7 公斤，6 包砂糖重幾公斤？

(1)-3　3 包砂糖重 7 公斤，5 包砂糖重幾公斤？

(2)-1　當 4 公尺的電線竿影子長 2 公尺時，多少公尺的電線竿影子會長
　　　　4 公尺？

(2)-2　當 4 公尺的電線竿影子長 2 公尺時，多少公尺的電線竿影子會長
　　　　$2\frac{1}{2}$公尺？

(2)-3　當 4 公尺的電線竿影子長$1\frac{2}{5}$公尺時，多少公尺的電線竿影子會長
　　　　2 公尺？

(3)-1　10 秒的手機通話費 1 元，80 秒的通話費是多少元？

(3)-2　10 秒的手機通話費 1.2 元，80 秒的通話費是多少元？

(3)-3　10 秒的手機通話費是 0.9 元，75 秒的通話費是多少元？

問題分析 7-5：無法正確解決分數乘除的應用題

　　有些學生在整數乘除應用題時可以正確列式，但一碰到分數就只能用猜的，主要的問題來自整數乘除的經驗會衍生出一種直觀──「乘變大，除變小」。整數乘法通常將乘法解釋成重複累加，這樣就會產生「積要比被乘數和乘數都大」，且「乘數是正整數倍」的直觀想法，所以面對乘數是比 1 小的真分數或純小數，或是無法以重複累加解釋的分數倍問題，就會產生困難。

　　整數除法的經驗則會產生「除數必須小於被除數」，且「商會小於被除數」的想法，所以面對「4公尺的竹竿等分成 7 段，1 段長多少公尺？」就容易產生 $7 \div 4 = 1 \cdots\cdots 3$ 的錯誤。圖 7-8 可顯示上述列式的錯誤。

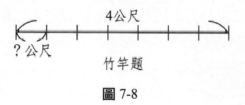

圖 7-8

　　分數乘法的應用題，以下簡單分為兩類，一類為單位量×單位數＝（總量），另一為整體量×比值＝（部分量），在此比值是沒有單位的。例子分別如下。

　　「1瓶米酒$\frac{2}{3}$公升，用了$3\frac{2}{5}$瓶煮麻油雞，共用了多少公升的米酒？」

　　「從家裡到學校距離$2\frac{1}{4}$公里，這段路的$\frac{1}{2}$是多少公里？」

　　分數除法也同樣分為兩類，一類與求單位量或單位數有關，又可分為兩小類，總量÷單位數＝單位量，或總量÷單位量＝單位數，另一類則為部分量÷比值＝總量，例子分別如下：

問題分析 7- 5：無法正確解決分數乘除的應用題（續）

「$3\frac{1}{2}$公升的果汁平分成 14 杯，一杯是多少公升？」求單位量。

「$3\frac{1}{2}$公升的果汁，每$\frac{1}{4}$公升裝一杯，可以裝幾杯？」求單位數。

「從家裡出發走了$\frac{9}{4}$公里，才走了$\frac{1}{2}$的路程，問到目的地全長是多少公里？」求總量。

分數乘除運算的理解，必須以分數概念為基礎，例如$\times\frac{3}{4}$，必須能將$\frac{3}{4}$視為 3 個$\frac{1}{4}$，了解$\frac{1}{4}$倍就是等分成 4 份取 1 份，所以，原本的被乘數會被等分成 4 份，接著才將結果再乘以 3（當然，順序顛倒，先解釋 3 倍後，再等分成 4 份也可以），所以能將分數$\frac{m}{n}$以 m 個單位分數（$\frac{1}{n}$）來思考，是重要的一步。以下的策略常常必須回到之前分數的基礎概念（見《我可以學得更好中年級版》單元八分數數概念與加減計算），大人們必須不厭其煩地協助學生從基本的數量和題型中出發。

試題中的分數會隨著是單位分數、真分數、帶（假）分數而產生概念上或運算上的不同難度，以下的策略也經常會運用轉換數值來簡化試題，並運用類比的方式協助理解原本試題的題意與解法。

策略 7-5-1 轉換題目的數值為整數，列式後類比

本策略類似於策略 7-4-1，如果換成整數仍無法列式，那麼應回頭補救整數乘除應用題的解題。本策略主要在解決列式的問題，至於計算請見策略 7-5-3 至 7-5-6。

「一瓶牛奶 $\frac{1}{2}$ 公升，用了 $\frac{2}{5}$ 瓶作優格，請問用了多少公升的牛奶？」

　？？？

不會列式？那麼先簡化數字成整數：

「一瓶牛奶 2 公升，用了 4 瓶作優格，請問用了多少公升的牛奶？」

$$2 \times 4 = (\qquad)$$

「一瓶牛奶 2 公升，用了 1 瓶作優格，不是 4 瓶，是 1 瓶，那要怎麼列式？」

$$2 \times 1 = (\qquad)$$

「現在不是 1 瓶，而只用了 $\frac{2}{5}$ 瓶呢？也就是 2 公升的 $\frac{2}{5}$ 倍。」

$$2 \times \frac{2}{5} = (\qquad)$$

「現在用的牛奶不是大罐的、2 公升的，而是小罐的、$\frac{1}{2}$ 公升呢？」

$$\frac{1}{2} \times \frac{2}{5} = (\qquad)$$

　　分數除法的問題類似。有些類型題目的比值（例如練習 7-5-1 第(2)和(4)題），不宜換成整數，但可以把比較繁複的分數（如 $\frac{3}{7}$）換成比較單純的分數（如 $\frac{1}{3}$）。

◎ 說明：以下各題，請先把題目的數值換成整數，列式、解題後，以同樣的
方式解原本的題目。

(1)-1	一瓶米酒 $\frac{2}{3}$ 公升，用了 $3\frac{2}{5}$ 瓶煮麻油雞，共用了多少公升的米酒？	
(1)-2	一瓶米酒（　　）公升，用了（　　）瓶煮麻油雞，共用了多少公升的米酒？	
(2)-1	一瓶果汁倒出裡面的 $\frac{2}{5}$，剛好是 $\frac{12}{35}$ 公升，一瓶是多少公升？	
(2)-2	一瓶果汁倒出裡面的（　　），剛好是（　　）公升，一瓶是多少公升？	
(3)-1	$3\frac{1}{2}$ 公升的果汁，每 $\frac{1}{4}$ 公升裝一杯，可以裝幾杯？	
(3)-2	（　　）公升的果汁，每（　　）公升裝一杯，可以裝幾杯？	
(4)-1	一根 $2\frac{4}{5}$ 公尺的竹竿，插入水池後，水中的部分是全長的 $\frac{3}{7}$，問水深幾公尺？	
(4)-2	一根（　　）公尺的竹竿，插入水池後，水中的部分是全長的（　　），問水深幾公尺？	

策略 7-5-2　釐清題目中的比值與部分量

「2公升的牛奶平分成5杯，弟弟喝了1杯，共喝了多少公升？」有一些學生會回答 $\frac{1}{5}$ 公升，也就是把喝了「全部的」 $\frac{1}{5}$ ，混淆成 $\frac{1}{5}$ 公升。

建議先回到「1公升的牛奶平分成5杯」，畫圖如圖7-9，大人們宜強調「每1杯都是1公升的 $\frac{1}{5}$ ，也是 $\frac{1}{5}$ 公升」，同時指明了沒有單位的比值，以及有單位的部分量。接著回到原題，「現在又再加1公升，總共2公升的牛奶平分成5杯」，畫圖如圖7-10，「每1杯都各有2個 $\frac{1}{5}$ 公升，所以是 $\frac{2}{5}$ 公升，如果把 $\frac{2}{5}$ 公升的牛奶倒到2公升的容器中，每1杯的牛奶都占這個容器的 $\frac{1}{5}$ 。所以，1公升的牛奶平分成5杯和2公升的牛奶平分成5杯，或是3公升的牛奶平分成5杯，每1杯都是原來的牛奶的 $\frac{1}{5}$ ，但1公升去分的只有 $\frac{1}{5}$ 公升，我們可以記錄成 $1 \div 5 = \frac{1}{5}$ 公升，2公升去分的就是 $\frac{2}{5}$ ，記成 $2 \div 5 = \frac{2}{5}$ 公升，3公升……。」

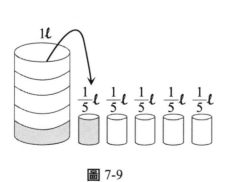

圖 7-9

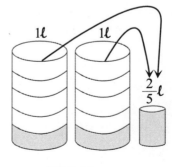

圖 7-10

練習 7-5-2　區分比值和部分量

◎ 說明：在（　　　）內填入正確的數字。

(1) 3 張蔥油餅平分給 4 個人吃，如圖 7-11。

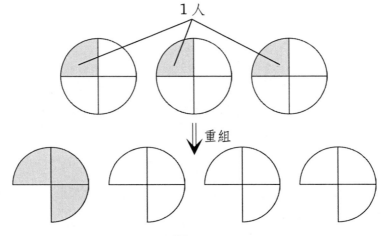

1人

↓重組

圖 7-11

　　1 個人吃了（　　　　　）張蔥油餅？

　　每個人吃了全部的（　　　　　）。

(2) 60 公分長的巧克力棒，切開後平均分裝成 3 袋。

　　每 1 袋的巧克力棒合起來（　　　　）公分？

　　每 1 袋的巧克力是原本巧克力棒的（　　　　）。

　　2 袋的巧克力棒合起來（　　　　）公分？

　　2 袋的巧克力是占了原本巧克力棒的（　　　　）。

(3) $\frac{1}{2}$ 公斤重的蜂蜜平均分裝到 5 個罐子。

　　每 1 罐是原本蜂蜜的幾分之幾？（　　　　）

　　1 罐蜂蜜重（　　　　）公斤？

　　2 罐是原本蜂蜜的幾分之幾？（　　　　）

　　2 罐蜂蜜合起來重（　　　　）公斤？

　　3 罐是原本蜂蜜的幾分之幾？（　　　　）

　　3 罐蜂蜜合起來重（　　　　）公斤？

策略 7-5-3 從 $\frac{1}{2}$ 倍搭配圖示說明分數乘法的計算

　　分數乘法應用題的列式，由策略 7-5-1 解決，但接下來整數×分數與分數×分數的計算，是如何理解的呢？本策略從 $\frac{1}{2}$ 這個特殊的分數倍開始！

　　「1 瓶可樂 2 公升，$\frac{1}{2}$ 瓶是多少公升？」

　　$2 \times \frac{1}{2} = （\quad\quad）$

　　由於 $\frac{1}{2}$ 這個特殊數字，很容易連結到「一半」，答案「1 公升」很快就出現，但接下來在概念上的聯繫才是重點。

　　「取 2 公升的一半，是什麼意思呢？」學生會說：「就是等分成 2 份，取 1 份。」「$\times \frac{1}{2}$ 的紀錄中，哪個部分表示了等分成 2 份，哪個部分又表示了取 1 份？所以，$\times \frac{1}{2}$ 分步驟來做，就是 $\div 2$，再 $\times 1$，畫圖就像這樣，如圖 7-12（將容器內的液體等分成 2 份，再在 1 份上塗色）。」

圖 7-12

　　接著處理整數×真分數的計算：1 瓶可樂 2 公升，$\frac{3}{4}$ 瓶是多少公升？列式為 $2 \times \frac{3}{4} = （\quad\quad）$。同樣地，$\times \frac{3}{4}$ 就是 $\div 4$，再 $\times 3$，$2 \div 4$ $= \frac{2}{4}$ 可化簡為 $\frac{1}{2}$，$\times 3$ 則是 3 個 $\frac{1}{2}$，等於 $\frac{3}{2}$。大人們可以觀察學生對

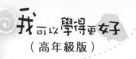
上述解說的理解程度，來決定是否要一次就把精簡的紀錄方式一併說完。下文左邊為逐步分解的紀錄，右邊則為精簡的紀錄。整數×假分數（$\frac{m}{n}$）在×m倍時不同而已，而整數×帶分數則可分成（×整數倍）＋（×真分數倍），此處不再贅述。

$$2 \times \frac{3}{4} = (\qquad) \qquad\qquad 2 \times \frac{3}{4} = (\qquad)$$

$$2 \div 4 = \frac{2}{4} = \frac{1}{2} \qquad\qquad \frac{\cancel{2} \times 3}{\cancel{4}\,2} = \frac{3}{2}$$

$$\frac{1}{2} \times 3 = \frac{3}{2}$$

分數×分數是更進一步的難題，仍沿用前述×$\frac{m}{n}$等於÷n（等分成 n 份），再×m（再取 m 份）的想法。見圖 7-13。

「一瓶$\frac{1}{2}$公升的牛奶，喝了$\frac{3}{4}$瓶，是喝了多少公升？」

$$\frac{1}{2} \times \frac{3}{4} = (\qquad)$$

$$\frac{1 \times 3}{2 \times 4} = \frac{3}{8}$$

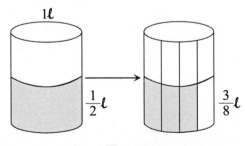

圖 7-13

分母乘 4，是再等分 4 小份；分子乘 3，則是取 3 小份。

圖示的關鍵在單位 1 必須在圖中出現，本題最後問的是公升，故所著眼的單位 1 是 1 公升。從圖示中看到$\frac{1}{2} \div 4$，就會成為$\frac{1}{8}$，×3 就會成為$\frac{3}{8}$。

為了強化圖示與算則（分數乘法就是分母乘分母、分子乘分子）之間的關係，宜再提供一個範例，如圖 7-14。例如：

　　「劉伯伯有 $\frac{1}{2}$ 公頃的農地，其中的 $\frac{3}{5}$ 種了高麗菜，問種高麗菜的農地有多少公頃？」

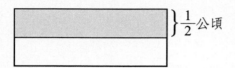

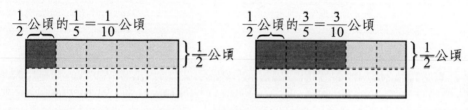

圖 7-14

◎ 說明：列式、計算，並畫圖比比看。

(1)$\frac{1}{3}$張海報的$\frac{4}{5}$，是幾張海報？怎麼畫圖？

$$\frac{1}{3} \times \frac{4}{5} = \frac{1 \times 4}{3 \times 5}$$

(2)$2\frac{1}{2}$張海報的$\frac{1}{2}$，是幾張海報？寫出計算過程和畫畫圖。

(3)弟弟吃了$\frac{1}{2}$個蛋糕的$\frac{2}{3}$，是吃了幾個蛋糕？寫出算式和畫出圖。

策略 7-5-4 從包含除過程中的通分說明分數除法

　　分數除法運算的道理向來不好解釋，本策略以通分成相同單位來說明。首先以整數÷分數＝整數的包含除情境為例。

　　「每 $\frac{2}{3}$ 公升的水果醋裝 1 瓶，10 公升的水果醋可以裝幾瓶？」

$$10 \div \frac{2}{3} = (\quad\quad)$$

$$\frac{30}{3} \div \frac{2}{3}$$

$$= 30 \div 2 = 15$$

$$10 \div \frac{2}{3} = (\quad\quad)$$

$$10 \times \frac{3}{2}$$

$$= 30 \div 2 = 15$$

答：15 瓶

　　上面左欄的算法是通分的作法，也正是個案威宏不能了解，但依樣畫葫蘆的解法。解說時請搭配圖 7-15 一起說明。

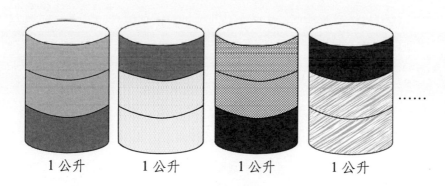

1 公升　　　　1 公升　　　　1 公升　　　　1 公升

圖 7-15

　　右欄則是一般簡化的算則。通分的意思是分裝水果醋是每 $\frac{2}{3}$ 公升裝 1 瓶，但 10 公升是以 1 公升為單位，現在先把 1 公升的單位等分成 3 等份，以 $\frac{1}{3}$ 公升為單位，那麼就會有 30 等份，即解題步驟的 $10 \times 3 = 30$；每 2 等份分到 1 瓶，也就是 $30 \div 2 = 15$。

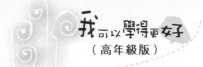
同理處理分數÷分數＝整數

「每 $\frac{3}{4}$ 公升水果醋裝 1 瓶，$7\frac{1}{2}$ 公升的水果醋可以裝幾瓶？」

$7\frac{1}{2} \div \frac{3}{4} = ($ $)$

$7\frac{2}{4} \div \frac{3}{4}$

$= \frac{30}{4} \div \frac{3}{4}$

$30 \div 3 = 10$ 答：10 瓶

最後，分數÷分數＝分數

「每 $\frac{2}{3}$ 公升水果醋裝 1 瓶，$7\frac{1}{2}$ 公升的水果醋可以裝幾瓶？」

$7\frac{1}{2} \div \frac{2}{3} = ($ $)$

$7\frac{1}{2} \div \frac{2}{3}$

$= 7\frac{3}{6} \div \frac{4}{6}$

$= \frac{45}{6} \div \frac{4}{6}$

$45 \div 4 = 11\frac{1}{4}$ 答：$11\frac{1}{4}$ 瓶

最後一步驟容易出現留餘數的運算方式，也就是學生會回答 11 瓶，餘 1，單位要留意，不是公升哦！是 1 個 $\frac{1}{6}$ 公升才對。記得提醒學生分數可以用來表示整數除以整數的結果（見《我可以學得更好中年級版》單元八，策略 8-3-1 至 8-3-3），所以 $\frac{45}{4}$ 瓶是全部分完、不留餘數的表示方式。

練習 7-5-4　以通分練習分數除法計算

◎ 說明：先通分再相除。

(1)$3\dfrac{1}{3} \div \dfrac{1}{6} =$

(2)$\dfrac{18}{4} \div \dfrac{1}{2} =$

(3)$\dfrac{1}{2} \div \dfrac{1}{5} =$

(4)$\dfrac{1}{3} \div \dfrac{1}{2} =$

(5)$\dfrac{3}{4} \div 3 =$

策略 7-5-5　透過比對察覺顛倒相乘只是精簡的記錄

　　使用上一個策略的範例，可以說明分數除法中顛倒相乘的算則只是一種精簡的記錄方式。

　　算式 1 的乙式，實線所圈起來的步驟是 3 等份的步驟，虛線所圈起來的步驟則是每 2 等份分裝成 1 瓶，顛倒相乘的算法之所以比較精簡，是因為省略了甲式中通分的步驟。

$$\left.\begin{array}{l}\text{甲式}：10\div\dfrac{2}{3}=\dfrac{30}{3}\div\dfrac{2}{3}=30\div2=15\\[2mm]\text{乙式}：10\div\dfrac{2}{3}=\dfrac{10\times3}{2}=15\end{array}\right\}\text{算式1}$$

　　再用水果醋的第二個例子，$7\dfrac{1}{2}\div\dfrac{3}{4}=(\quad)$ 為例。丙式是保留通分的步驟，而丁式則直接顛倒相乘，讓孩子觀察並比較兩個算式。

$$\left.\begin{array}{l}\text{丙式}：7\dfrac{1}{2}\div\dfrac{3}{4}=\dfrac{15}{2}\div\dfrac{3}{4}=\dfrac{30}{4}\div\dfrac{3}{4}=30\div3=10\\[2mm]\text{丁式}：7\dfrac{1}{2}\div\dfrac{3}{4}=\dfrac{15}{2}\div\dfrac{3}{4}=\dfrac{\overset{5}{\cancel{15}}\times\overset{2}{\cancel{4}}}{\cancel{2}\times\cancel{3}}=10\end{array}\right\}\text{算式2}$$

策略 7-5-6　從整數÷比值＝整數的情境說明顛倒相乘

　　另一個說明分數除法運算的方式，是透過部分量÷比值的情境與具體物操作的經驗，去理解找整體的方式。

　　「爸爸收到 1 盒巧克力糖的禮物，跟妹妹說：『我已經吃掉 $\dfrac{2}{3}$ 了，剩下的給妳。』妹妹一看，還有 7 顆，問原本這盒巧克力是幾顆？」

$$7\div\dfrac{1}{3}=(\qquad)$$

$$7\div\dfrac{1}{3}=7\times\dfrac{3}{1}=21 \qquad\qquad 答：21 顆$$

　　具體物操作的步驟請參考《我可以學得更好中年級版》單元八的策略 8-2-5，透過畫圖亦可。操作與畫圖的目的在使學生理解 7 顆是全

部的 $\frac{1}{3}$，那麼 1 整盒就是 7 顆的 3 倍。算式上的記錄可以用來說明顛倒相乘的道理。

換另一組數字，「爸爸吃了 $\frac{1}{4}$ 盒，剩下來的 $\frac{3}{4}$ 盒是 12 顆，問原本這盒巧克力是幾顆？」

$$12 \div \frac{3}{4} = 12 \times \frac{4}{3} = 16 \qquad\qquad 答：16\ 顆$$

12 顆是 $\frac{3}{4}$ 盒，也就是 3 個 $\frac{1}{4}$ 盒，那先算出 1 個 $\frac{1}{4}$ 盒是幾顆，所以 $12 \div 3 = 4$，接著從 $\frac{1}{4}$ 盒去算 1 盒時要 $\times 4$ 倍，就是 4×4。

現在，換一組情境，「一根竹竿插在水池中，露出水面的 $\frac{2}{3}$ 公尺是整根竹竿的 $\frac{1}{4}$，問竹竿全長多少公尺？」$\frac{2}{3} \div \frac{1}{4} = (\qquad)$。既然 $\frac{2}{3}$ 公尺只是全長的 $\frac{1}{4}$，那全長就是 $\frac{2}{3}$ 的 4 倍，一樣可以說明顛倒相乘的道理。

最後一組問題與數字：「一根竹竿插在水池中，露出水面的 $\frac{3}{4}$ 公尺是整根竹竿的 $\frac{2}{5}$，問竹竿全長多少公尺？」全長即 $\frac{3}{4} \div \frac{2}{5} = (\qquad)$，因為 $\frac{2}{5}$ 就是 2 個 $\frac{1}{5}$，先算算竹竿的 $\frac{1}{5}$ 是多長，也就是把 $\frac{3}{4}$ 公尺折半，$\frac{3}{4} \div 2 = \frac{3}{4 \times 2}$，再用 $\frac{3}{8}$ 公尺的 5 倍求全長。

單元八

小數概念與運算

吳信輝

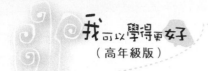
個案 小君

　　小君是就讀國小高年級的女生，對於整數文字題及基本運算表現得不錯，但是對小數文字題及運算表現不穩定，時好時壞。例如，當老師要求小君寫出 3.573 + 2.8 的直式算則時，小君的計算過程如下：

$$
\begin{array}{r}
3.57\,3 \\
+\quad 2.8 \\
\hline
3.60\,1
\end{array}
$$

　　老師問小君，怎麼得到 3.601 的答案，小君回答說：「就是先將兩個小數向右靠齊，3 加 8，等於 11，寫 1，將 1 進到前一位；7 加 2，等於 9，剛剛有進 1，所以 9 再加 1 等於 10，所以寫下 0，將 1 再進到前一位；5 加上剛剛進位的 1，所以等於 6，所以答案就是 3.601。」當老師請小君再寫下 8.984 − 3.846 的直式算則時，小君可以正確地計算，計算過程如下：

$$
\begin{array}{r}
8.984 \\
-\ 3.846 \\
\hline
5.138
\end{array}
$$

　　過了幾天，老師請小君解決小數加減法文字題時，小君依然會出現將運算的數字向右靠齊後再計算的情形。

　　某天，老師請小君解決「汽油 1 公升要 27.6 元，爸爸騎車到加油站加了 4.2 公升的汽油，共要多少元？」小君的計算過程如下：

$$
\begin{array}{r}
27.6 \\
\times\ 4.2 \\
\hline
55\,2 \\
1104\quad \\
\hline
1159.2
\end{array}
$$

另外，當老師再請小君寫下 $0.2×0.3$ 的運算時，小君的計算過程如下：

$$\begin{array}{r} 0.2 \\ \times\,0.3 \\ \hline 0.6 \end{array}$$

當老師又出了不同小數類型的小數乘法運算或文字題時，小君的表現也是時好時壞。

在自習課時，當小君計算 $46.2÷0.6$ 時，她的計算過程如下：

$$\begin{array}{r} 7.7 \\ 0.6\overline{)46.2} \\ \underline{42} \\ 4\,2 \\ \underline{4\,2} \\ 0 \end{array}$$

並寫下答案：商為 7.7，餘數為 0。老師問小君：「這樣的計算過程是最後的結果嗎？」小君回答說：「是的，商是 7.7，餘數是 0。」

當小君在解決「1 桶飲料中有 30.8 公升，要倒在容量 1.5 公升的杯子裡，請問可以倒幾杯，還剩下多少公升的飲料？」的文字題時，小君的計算過程如下：

$$\begin{array}{r} 2.0 \\ 1.5\overline{)30.8} \\ \underline{30} \\ 8 \end{array}$$

並寫下答案：可倒 2 杯，還剩下 8 公升。老師問小君：「這是最後的結果嗎？」小君回答說：「是的，可倒 2 杯，還剩 8 公升。」

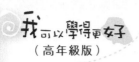

綜合問題診斷

小數兼具整數的「位值概念」與分數的「部分－全體關係」，因此，整數概念與分數概念的學習會影響小數的學習。有些整數（分數）概念會有助於小數的學習，而有些整數（分數）概念會干擾小數的學習。

小數加減的運算問題

學習整數運算時，學童都知道要將被加（減）數與加（減）數靠右對齊，再進行運算。這樣的運算原則在處理整數加減法運算是無往不利的，然而對於小數加減法文字題或計算可能有時對，也可能有時錯，小君就是一個例子。

小數乘法的運算問題

學習整數乘以整數運算時，學童有「乘會變大」的概念。雖然小數是整數的延伸，但是在乘法運算上卻不一定是「乘會變大」。此外，學習小數乘法時，學童較常犯的錯誤是：積的小數位數常常搞混；小數乘法的直式算則與小數加減法直式算則中小數點對齊與否常搞混。

小數除法的運算問題

學習整數除以整數運算時，學童有「除會變小」的概念。但是小數的除法運算不見得會有「除會變小」的情形產生，反而是有時變大，有時變小。變大變小端視被除數與除數是整數，還是小數而定。除了有上述小君的情形發生外（把大的數除以小的數），學童在學習小數除法運算時，還會有運算中小數點移位問題及標示餘數小數點的問題。

問題分析 8-1：小數加減的運算問題

老師請小君寫下 8.984 － 3.846 的直式算則時，小君可以正確地計算，且計算過程如下：

$$
\begin{array}{r}
8.984 \\
-\ 3.846 \\
\hline
5.138
\end{array}
$$

但是當老師要求小君寫出 3.573 ＋ 2.8 的直式算則時，小君的計算過程如下：

$$
\begin{array}{r}
3.573 \\
+\ \ \ 2.8 \\
\hline
3.601
\end{array}
$$

面對小數的加減法文字題時，小君也是在不同位數的加減運算有問題。因此，從計算及文字題解題過程中，小君可能是對於小數位值概念上不完全的理解。

策略 8-1-1　理解小數位值關係

學童所具備的整數經驗會影響到小數的學習，因此加強學童了解整數位值關係是學習小數運算的基本。老師及家長可以先參考《我可以學得更好低年級版》單元七基本運算策略 7-2-4「位值關係的理解——數字的分解與合成」，所介紹的整數位值關係之後，再將小數位值關係介紹給學童（搭配練習 8-1-1）。介紹時可以先講解小數各個位數的位名及位值，且盡量以多位數的帶小數為例子（例如：三位小數，5.321）並參考《我可以學得更好中年級版》單元九小數數概念與加減計算策略 9-1-2「搭配十進的度量衡」、策略 9-1-3「利用計算機學習位值概念」及策略 9-2-2「以分解合成連結小數與分數」，協助學童學習。

練習 8-1-1　小數的分解與合成練習

◎ 說明：請填入適當的數字。

(1) $7.842 = ($　　$) \times 1 + ($　　$) \times 0.1 + ($　　$) \times 0.01 + ($　　$) \times 0.001$

(2) $63.02 = ($　　$) \times 10 + ($　　$) \times 1 + ($　　$) \times 0.1 + ($　　$) \times 0.01$

(3) $15.6 = ($　　$) \times 10 + ($　　$) \times 1 + ($　　$) \times 0.1$

(4) $8.43 = ($　　$) \times 1 + ($　　$) \times 0.1 + ($　　$) \times 0.01$

(5) $94.83 = ($　　$) \times 10 + ($　　$) \times 1 + ($　　$) \times 0.1 + ($　　$) \times 0.01$

(6) $5.29 = 9 \times ($　　$) + 5 \times ($　　$) + 2 \times ($　　$)$

(7) $47.86 = 6 \times ($　　$) + 8 \times ($　　$) + 4 \times ($　　$) + 7 \times ($　　$)$

(8) 1 公尺 = 100 公分，那麼 1.65 公尺 = (　　) 公分

(9) 4.6 公尺 = (　　) 公分

(10) 1573 公分 = (　　) 公尺

(11) 1 公斤 = 1000 公克，那麼 16.375 公斤 = (　　) 公克

(12) 6.4 公斤 = (　　) 公克

(13) 8539 公克 = (　　) 公斤

※除了上述題目外，老師或家長可根據學童填寫的情形，再提供不同的題目，讓
　學童充分練習。

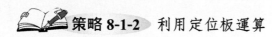策略 8-1-2　利用定位板運算

　　整數的加減運算是學習小數加減運算的基礎，假如將整數的加減運算原則直接運用到小數的加減運算，則相同位數的小數加減運算不會有問題，但是不同位數的運算則會出現問題。因此，老師及家長可利用定位板幫助學童進行不同位數的小數運算（搭配練習 8-1-2），因為定位板清楚地標示了小數各個數字應該放的位置，如此可以避免學童將不同的位值名稱進行運算。

位值名稱	百位	十位	個位	小數點	十分位	百分位	千分位
數字 數字							

練習 8-1-2　利用定位板運算練習

範例：AB.CDE ＋ F.GH 可以用下列方式表示。

位值名稱	百位	十位	個位	小數點	十分位	百分位	千分位
數字		A	B	·	C	D	E
數字		＋	F	·	G	H	
		I	J	·	K	L	M

◎ 說明：請根據範例填入適當的數字。

(1) 4.94 ＋ 0.337 ＝

位值名稱	百位	十位	個位	小數點	十分位	百分位	千分位
數字							
數字							

(2) 媽媽用 0.54 公升的鳳梨汁，再加入 0.784 公升的芭樂汁調成綜合果汁，請問綜合果汁共有多少公升？

位值名稱	百位	十位	個位	小數點	十分位	百分位	千分位
數字							
數字							

練習 8-1-2　利用定位板運算練習（續）

(3) $45 - 3.61 =$

位值名稱	百位	十位	個位	小數點	十分位	百分位	千分位
數字 數字							

(4)一包白米重 3.5 公斤，吃去了 1.438 公斤後，還剩下多少公斤？

位值名稱	百位	十位	個位	小數點	十分位	百分位	千分位
數字 數字							

※除了上述題目外，老師或家長可根據學童填寫的情形，再提供不同的題目，讓
　學童充分練習。

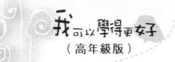
策略 8-1-3　說明小數加減直式算則的原則

　　說明小數加減直式算則的原則也是協助學童學習小數加減運算的方法之一，只不過此策略過於記憶取向，老師及家長可考量是否要採用此策略。小數加減直式算則原則是：先將被加（減）數與加（減）數的小數點對齊，再進行加減運算。當被加（減）數的小數位數比加（減）少時，可以把缺位的地方補 0 再計算。運用此策略的同時，如果搭配定位板的使用，更能幫助學童理解，以避免只有記憶而已。

策略 8-1-4　熟悉小數加減直式運算及練習改寫橫式算則為直式算則並計算

　　說明小數加減直式運算的原則後，老師及家長可以讓學童練習判斷不同位數的小數加減直式算則運算正不正確。假如不正確的話，請學童說明為什麼不正確（搭配練習 8-1-4.1）。判斷後，老師及家長再讓學童進行改寫加減法橫式算則為直式算則並計算（搭配練習 8-1-4.2）。（其他有關小數數概念與加減計算的學習策略可參考《我可以學得更好中年級版》單元九。）

練習 8-1-4.1　小數加減直式運算判斷

◎ 說明：請對下列的直式運算做判斷，假如不正確的話，是為什麼？

(1)
```
  10.00 3
+     2.4
─────────
  1.002 7
```

(2)
```
    9.2
−  1.589
────────
  7.611
```

(3)
```
  5.046
+ 2.6
──────
  7.646
```

(4)
```
  3 2.22
− 6.3 55
────────
  0.8 67
```

※除了上述題目外，老師或家長可根據學童判斷的情形，再提供不同的題目，讓學童充分練習。

◎ 說明：請改寫下列的橫式算則為直式算則並計算。

(1) 15.4 ＋ 4.82

(2) 15.326 ＋ 9.56

(3) 82.743 － 3.938

(4) 7.32 － 2.393

※除了上述題目外，老師或家長可根據學童改寫及計算的情形，再提供不同的題
　目，讓學童充分練習。

問題分析 8-2：小數乘法的運算問題

　　某天，老師請小君解決「汽油 1 公升要 27.6 元，爸爸騎車到加油站加了 4.2 公升的汽油，共要多少元？」小君的計算過程如下：

$$\begin{array}{r} 27.6 \\ \times\ 4.2 \\ \hline 55\ 2 \\ 1104 \\ \hline 1159.2 \end{array}$$

　　另外，當老師再請小君寫下 0.2×0.3 的運算時，小君的計算過程如下：

$$\begin{array}{r} 0.2 \\ \times 0.3 \\ \hline 0.6 \end{array}$$

　　當老師又出了不同類型的小數乘法運算或文字題時，小君的表現也是時好時壞。從小君的解題過程中，顯示小君對於運算後的小數點標示不完全理解，也可能是對於小數乘法運算及數感（number sense）不足。

　　進行小數加減法運算時，大多數的學童都知道要對齊小數點，再進行運算，只要沒有計算錯誤，都可以得到正確的答案。但是，小數乘法運算不盡然都是如小數加減法運算一樣，對齊小數點後即可進行運算。另外，在整數乘法運算中，兩數相乘會愈來愈大。但是小數乘法中，不一定會愈乘愈大，而是要視乘數大小而定。下面將介紹幾種幫助學童學習小數乘法運算的策略，並理解小數乘法運算的概念。老

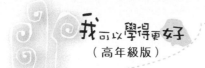
師及家長可以根據學童的學習狀況，給予不同的策略及練習。

策略 8-2-1 利用小數位值關係及其分解與合成進行小數乘法運算

　　小數的位值關係及其分解與合成不僅是學習小數加減法運算的基本，也是學習小數乘法的基礎。因此，老師及家長可以利用小數位值關係及其分解與合成，幫助學童學習小數乘法的運算。在利用小數位值關係及其分解與合成之前，學童若是能理解小數點位移的意義（當小數點往右移一位時，數值將變為原來的 10 倍；當小數點往左移一位時，數值將變為原來的 0.1）、整數的純小數倍（例如：20 的 0.1 倍或 13 的 0.01 倍）、單位小數的整數倍或小數倍（小數中的單位小數是 0.1、0.01、0.001……等）、小數乘法的估算等基本概念，對學童學習小數乘法運算都是有益的。因此，老師及家長可以先讓學童練習這些基本概念的題目（搭配練習 8-2-1.1、練習 8-2-1.2），再進入利用小數位值關係及其分解與合成學習小數乘法運算（搭配練習 8-2-1.3）。

練習 8-2-1.1　小數點的位移及整數的純小數倍練習

◎ 說明：請填入適當的數字。

【練習一】

(1) 5.443 的 10 倍是（　　　）。　　　(2) 5.443 的 100 倍是（　　　）。

(3) 5.443 的 1000 倍是（　　　）。

【練習二】

(1) 73 的 0.1 倍是（　　　）。　　　(2) 73 的 0.01 倍是（　　　）。

(3) 73 的 0.001 倍是（　　　）。

【練習三】

(1) 3.9812 的（　　　）倍才會成為 3981.2。

(2) 385.24 的（　　　）倍才會成為 3.8524。

【練習四】

(1) 54 乘 100 倍之後，要乘（　　　）倍才會變回原來的 54。

(2) 432.1 乘 1000 倍之後，要乘（　　　）倍才會變回原來的 432.1。

※除了上述題目外，老師或家長可根據學童判斷及改寫的情形，再提供不同的題
　目，讓學童充分練習。

◎說明：請對下列的算式或文字題進行估算，並說明為什麼？

(1) (　) 3.98×20 大約是① 8000 ② 800 ③ 80 ④ 8。

(2) (　) 2.1×11 大約是① 2000 ② 200 ③ 20 ④ 2。

(3) (　) 8.8×4.2 大約是① 3600 ② 360 ③ 36 ④ 32。

(4) (　) 11.93×24.023 大約是① 2880 ② 288 ③ 28。

(5) 95 無鉛汽油 1 公升要 27.6 元，爸爸加了 32.2 公升，大約要多少元？

(6) 汽車在高速公路上平均每小時可行駛 105 公里，2.2 小時可以行駛大約多少公里？

(7) 現在 1 美元可兌換 32.45 元新台幣，請問 15 美元大約可兌換多少新台幣？

(8) 檸檬 1 公斤賣 35 元，買 4.3 公斤，大約要付多少元？

※除了上述題目外，老師或家長可根據學童估算的情形，再提供不同的題目，讓學童充分練習。

✐ 練習 8-2-1.3　利用小數位值關係及其分解與合成進行小數乘法運算練習

◎ 說明：請填入適當的數字。

(1) $3.7 \times 8 = ($　$) \times 0.1 \times 8 = ($　$) \times 0.1 = ($　$)$

(2) $17.19 \times 2 = ($　$) \times 0.01 \times 2 = ($　$) \times 0.01 = ($　$)$

(3) $9.602 \times 9 = ($　$) \times 0.001 \times 9 = ($　$) \times 0.001 = ($　$)$

(4) $4.5 \times 8.4 = ($　$) \times 0.1 \times ($　$) \times 0.1 = ($　$) \times 0.01 = ($　$)$

(5) $15.49 \times 1.2 = ($　$) \times 0.01 \times ($　$) \times 0.1 = ($　$) \times 0.001 = ($　$)$

(6) $7.108 \times 5.5 = ($　$) \times 0.001 \times ($　$) \times 0.1 = ($　$) \times 0.0001 = ($　$)$

(7) $24.97 \times 11.82 = ($　$) \times 0.01 \times ($　$) \times 0.01 = ($　$) \times 0.0001 = ($　$)$

(8) $2.753 \times 6.32 = ($　$) \times 0.001 \times ($　$) \times 0.01 = ($　$) \times 0.00001 = ($　$)$

(9) $38.187 \times 8.974 = ($　$) \times 0.001 \times ($　$) \times 0.001 = ($　$) \times 0.000001 = ($　$)$

※除了上述題目外，老師或家長可根據學童填寫的情形，再提供不同的題目，讓學童充分練習。

策略 8-2-2 小數乘法運算放大縮小原則

老師及家長可以利用先將被乘數及乘數放大，進行運算後，再將積縮小。例如：4.25×0.7，4.25 先放大 100 倍為 425，0.7 放大 10 倍為 7，全部放大了 100×10 ＝ 1000 倍，所以積需要縮小 0.001（可參考 8-2-1.1 練習）。

策略 8-2-3 說明小數乘法直式運算的原則

說明小數乘法直式運算原則是協助學童學習小數乘法運算的方法之一，只不過此策略過於記憶取向，老師及家長可考量是否要採用此策略。小數乘法直式算則原則是：將被乘數與乘數靠右對齊，然後進行乘法運算，運算完成後，再將被乘數與乘數的小位數相加起來，就是積的小數位。例如：被乘數有兩位小數位，乘數有一位小數位，兩數相乘後，積有三位小數位。說明小數乘法直式運算原則後，老師及家長可以讓學童點小數點的練習，並請學童說明為什麼（搭配練習 8-2-3）。點小數點時，可同時參考策略 8-2-2 的原則。

✏️ **練習 8-2-3　點小數點練習**

◎ 說明：請點上小數點，並說明為什麼？

(1)
$$
\begin{array}{r}
0.8 \\
\times\ \ 0.4 \\
\hline
32
\end{array}
$$

(2)
$$
\begin{array}{r}
2.45 \\
\times\ \ 0.8 \\
\hline
1960
\end{array}
$$

(3)
$$
\begin{array}{r}
0.31 \\
\times\ \ 0.7 \\
\hline
2\ 17
\end{array}
$$

(4)
$$
\begin{array}{r}
41.03 \\
\times\ \ \ 1.1 \\
\hline
4103 \\
4103 \\
\hline
45133
\end{array}
$$

※除了上述題目外，老師或家長可根據學童點的情形，再提供不同的題目，讓學童充分練習。

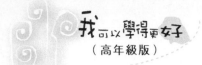
策略 8-2-4 理解小數被乘數、乘數與積的關係

整數乘法運算中，兩數相乘會愈來愈大。但是小數乘法運算中，不一定會愈乘愈大，而是要視乘數大小而定。當乘數小於 1 時，則積會小於被乘數；乘數等於 1 時，則積會等於被乘數；當乘數大於 1 時，則積會大於被乘數（搭配練習 8-2-4）。

練習 8-2-4　判斷小數被乘數、乘數與積的關係

◎ 說明：請填入適當的符號（＞或＝或＜），並說明為什麼？

(1) 0.3×0.99 （　　　） 0.3

(2) 1.32×2.73 （　　　） 1.32

(3) 4.9×1 （　　　） 4.9

(4) 17.36 的 0.01 倍 （　　　） 173.6 的 0.001 倍

(5) 4.52×0.89 （　　　） 4.5

(6) 0.43×8 （　　　） 0.43

※除了上述題目外，老師或家長可根據學童填寫的情形，再修改不同的題目，讓學童充分練習。

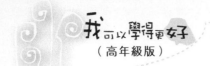
 問題分析 8-3：小數除法的運算問題

小君在計算 $46.2 \div 0.6$，她的計算過程如下：

$$
\begin{array}{r}
7.7 \\
0.6\overline{)46.2} \\
42 \\
\hline
4\,2 \\
4\,2 \\
\hline
0
\end{array}
$$

並寫下答案：商為 7.7，餘數為 0。

　　當小君在解決「1 桶飲料中有 30.8 公升，要倒在容量 1.5 公升的杯子裡，請問可以倒幾杯，還剩下多少公升的飲料？」的文字題時，小君的計算過程如下：

$$
\begin{array}{r}
2.0 \\
1.5\overline{)30.8} \\
30 \\
\hline
8
\end{array}
$$

並寫下答案：可倒 2 杯，還剩下 8 公升。從上述計算過程中，顯示小君對於小數除法運算中商及餘數小數點的標示有困難。

　　在學習小數除法之前，整數除法運算中，被除數都大於除數。但是在學習小數除法運算時，被除數不一定大於除數，因此學童往往會因為被除數小於除數的情形所困惑。除非學童學會以分數的方式呈現，並且不要求進行實際的運算。因此，當學童學習小數除法時，上述的問題將不再困擾學童。然而，學習小數除法時，學童面臨另一些問題，也就是要注意到當被除數不夠除的時候，得移到次一位數再進

行運算，且要在商的位值上記 0。另外，學童也常常容易放錯商與餘數的小數點。除了上述情形外，小數除法與整數除法在運算上並沒有很大的差異。

　　估商既然是整數除法運算中很重要的過程，在小數除法運算過程中也是一樣的重要。老師及家長可以先讓學童處理一些較生活化的問題，例如，分東西或分組的問題，了解學童是否了解估商（估商概念可參考《我可以學得更好中年級版》單元六整數概念與計算問題分析6-4）。以下將提供不同的策略及練習，老師及家長可以根據學童的學習狀況，而給不同的策略及練習。

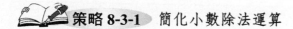

策略 8-3-1　簡化小數除法運算

　　小數除法運算過程中，除了要注意商及餘數的小數點標示外，其餘的運算過程都與整數除法運算相同。因此，老師及家長可以利用小數的位值關係、小數點位移、整數的純小數倍關係（可參考策略 8-1-1 及策略 8-2-1），將小數除法運算簡化為整數除法後，再進行整數除法運算（整數除法運算可參考《我可以學得更好中年級版》單元六問題分析 6-4；搭配練習 7-3-1）。計算後，在標示商的小數點時，必須注意商的小數點是要和被除數的小數點對齊。若是無法整除時，餘數的小數點是要和被除數的原小數對齊。在簡化過程中，老師及家長可以舉較生活化的文字題例子（分東西或分組），以利於學童理解商及餘數的小數點標示。

練習 8-3-1 簡化小數除法運算練習

範例：

$2.4 \div 0.3$	$4.84 \div 1.1$
$2.4 = 24 \times 0.1 \qquad 0.3 = 3 \times 0.1$	$4.84 = 484 \times 0.01 \qquad 1.1 = 110 \times 0.01$
所以 $2.4 \div 0.3 = （24）\div（3）$	所以 $4.84 \div 1.1 = （484）\div（110）$

◎ 說明：請依據範例填入適當的數字。

(1) $0.95 \div 0.19 = （\qquad）\div（\qquad）$

(2) $7.8 \div 1.3 = （\qquad）\div（\qquad）$

(3) $4 \div 0.8 = （\qquad）\div（\qquad）$

(4) $91.8 \div 9 = （\qquad）\div（\qquad）$

※除了上述題目外，老師或家長可根據學童填寫的情形，再提供不同的題目，讓學童充分練習。

 **策略 8-3-2** 利用定位板運算

　　除了將小數除法運算簡化為整數除法運算外，老師及家長可以利用定位板協助學童理解小數除法運算中小數點該放在何處。使用定位板過程時，小數點可以先省略不記，但是小數的各個位值一定要對齊。計算後，標示商的小數點時，必須注意商的小數點是要和被除數的小數點對齊。假如無法整除時，餘數的小數點是要和被除數的原小數點對齊。在利用定位板時，老師及家長同樣也可以舉較生活化的文字題例子，協助學童理解商及餘數的小數點標示。

範例：

$13.75 \div 25 =$

十 位	個 位	小 數 點	十 分 位	百 分 位
	0	·	5	5
25⟌1	3	·	7	5
1	2		5	
	1		2	5
	1		2	5
				0

◎ 說明：請依據範例進行下列各練習題。

(1) $64.48 \div 16 =$

十 位	個 位	小 數 點	十 分 位	百 分 位

(2) $39.52 \div 1.3 =$

十 位	個 位	小 數 點	十 分 位	百 分 位

(3) $15.04 \div 3.6 =$

十 位	個 位	小 數 點	十 分 位	百 分 位

(4) $84.87 \div 4.35 =$

十 位	個 位	小 數 點	十 分 位	百 分 位

※除了上述題目外，老師或家長可根據學童計算的情形，再提供不同的題目，讓
學童充分練習。

策略 8-3-3　說明小數除法直式運算的原則

　　說明小數除法直式運算原則是協助學童學習小數除法運算的方法之一，只不過此策略過於記憶取向，老師及家長可考量是否要採用此策略。小數除法直式運算原則是：將除數變成整數，然後依照除數移動的小數位數，來移動被除數的小數點，最後再進行計算。計算過程中，除不盡時，可以在被除數末位補 0，使大單位轉換成小單位，就可以繼續計算了。商的小數點是對齊移動後的被除數小數點，餘數的小數點是要對齊被除數的原小數點。

策略 8-3-4　熟悉小數除法直式運算及練習改寫除法橫式算則為直式算則並計算

　　說明小數除法運算原則後，老師及家長可以讓學童練習判斷不同位數的小數除法直式運算正不正確。假如不正確的話，請學童說明為什麼不正確（搭配練習 8-3-4.1）。判斷後，老師及家長再讓學童進行改寫除法橫式算則為直式算則並計算（搭配練習 8-3-4.2）。老師及家長可以從計算中，了解學童是否知道理解商及餘數的小數點標示。

✏️ 練習 8-3-4.1　小數除法直式運算判斷練習

◎ 說明：請對下列的直式運算做判斷，假如不正確的話，是為什麼？

(1) $2.3 \div 0.25 =$

$2.3 \div 0.25 \Rightarrow 230 \div 25$

$$0.25 \overline{)2.30} \begin{array}{r} 9 \\ \underline{2\ 25} \\ 5 \end{array}$$

商為 9，餘數為 5

(2) $7.31 \div 3.6 =$

$7.31 \div 3.6 \Rightarrow 73.1 \div 36$

$$3.6 \overline{)7.31} \begin{array}{r} 2 \\ \underline{7\ 2} \\ 0.11 \end{array}$$

商為 2，餘數為 0.11

(3) $1.414 \div 7 =$

$$7 \overline{)1.414} \begin{array}{r} 202 \\ \underline{1\ 4} \\ 14 \\ \underline{14} \\ 0 \end{array}$$

商為 202，餘數為 0

(4) $15.64 \div 4.62 =$

$15.64 \div 4.62 \Rightarrow 1564 \div 462$

$$4.62 \overline{)15.64} \begin{array}{r} 3 \\ \underline{13\ 86} \\ 1.78 \end{array}$$

商為 3，餘數為 1.78

※除了上述題目外，老師或家長可根據學童判斷的情形，再提供不同的題目，讓學童充分練習。

▎ 練習 8-3-4.2　改寫小數除法橫式算則為直式算則並計算練習

◎ 說明：請改寫下列的橫式算則為直式並計算，計算後並寫出商及餘數。

(1) $104.6 \div 12.39 =$　　　　　(2) $90.37 \div 1.75 =$

(3) $51.293 \div 32.9 =$　　　　　(4) $9.812 \div 1.632 =$

(5) $137.9 \div 46.9 =$　　　　　(6) $5.78 \div 1.2 =$

(7) $83.027 \div 2.95 =$　　　　　(8) $7.736 \div 3 =$

※除了上述題目外，老師或家長可根據學童改寫及計算的情形，再提供不同的題目，讓學童充分練習。

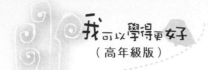
📖 **策略 8-3-5** 理解小數被除數、除數和商的關係

　　整數除法運算中，兩數相除會愈來愈小。但是小數除法中，不一定會愈除愈小，而是要視除數大小而定。當除數小於 1 時，則商會大於被除數；除數等於 1 時，則商會等於被除數；當除數大於 1 時，則商會小於被乘數（搭配練習 8-3-5）。

練習 8-3-5　判斷小數被除數、除數和商的關係

◎ 說明：請填入適當的符號（＞或＝或＜），並說明為什麼？

(1) $70.3 \div 0.99$（　　　）70.3

(2) $44.33 \div 5.94$（　　　）44.33

(3) $0.9 \div 1$（　　　）0.9

(4) 17.36 的 0.01 倍（　　　）173.6 的 0.001 倍

(5) $98.2 \div 8.479$（　　　）98.2

(6) $0.48 \div 0.32$（　　　）0.48

※ 除了上述題目外，老師或家長可根據學童填寫的情形，再提供不同的題目，讓學童充分練習。

第三篇

學習行為輔導篇

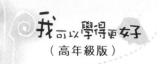

導論

李麗君

很多家長經常感到百思不解的是，自己的孩子在低、中年級的學習沒有問題，為什麼到了高年級就開始走下坡？明明是個聰明的孩子，為什麼表現得不如預期？到底問題是出在哪裡呢？

事實上，學生的學習問題包括了學習能力、學習策略、學習動機、學習環境等多方面，很多問題其實在低、中年級時就已經開始，譬如在課堂中不專心，無法如期完成作業等，只是很多家長、老師認為孩子只是年紀小，沒有定性，未加以注意及輔導，使得問題一直未能有效的解決。而隨著年級的晉升，課業困難度增加，學生學習的挫敗經驗逐漸增多，加上父母、老師對其學業表現的不滿意，使得學生開始對自我能力產生懷疑，於是開始表現出自卑、退縮、逃避表現、推卸責任等行為。雖然這些孩子了解自己需要別人的協助，但是害怕尋求協助會被別人認為自己能力不足，所以逃避求助，或是為自己的失敗預先找藉口等，使得學習的問題不但沒有解決，反而日益嚴重。

另一方面，成績好的同學也可能有煩惱。一些同學在班級中表現優異，獲得老師的肯定，但卻在同儕團體中遭受排擠，人緣極差。如何獲得團體的認同感及歸屬感也是高年級學生所關注的。

本篇單元九的兩個個案，即是分別從低成就學生的逃避行為，以及高成就學生的人際關係加以討論，希望可以讓讀者了解，學習的問題並不只限於學業表現差的學生，而且希望透過這兩個案例的討論，以及策略的提供，讓大家更清楚的體認自我概念及人際關係對高年級學生的重要性。

不論是自我概念或是人際互動，對學生而言，如果能夠透過實際生活經驗，將有助於學生體悟與省思，同時透過與個人經驗的結合，

可以幫助學生建構出與個人相關的知識與理念，進而將所學實踐於日常生活中，因此體驗活動成為近年來教育學者推動品德教育及生命教育所大力採用的方式。譬如透過「護蛋活動」，讓學生體察生命的可貴，懂得尊重與珍惜生命；透過「齊眉棍」活動，讓學生了解團隊合作是需要每個人相互溝通、信任與協調，才能完成任務。本篇單元十即提供了十二個適合團體進行的體驗活動，分別適用於團體初期、中期、後期，每項活動都有其主題及其活動目標，同時也列出活動所需的地點、器材、時間。老師可以依據實際的需求，選擇適當的體驗活動，按照活動流程進行。每個活動後也都列出一些引導學生省思的題目供老師們參考，或是依據學生的經驗、特質，給予進一步延伸的思考問題。

體驗活動的實施

　　而體驗活動在實施上還有一些要注意的事項，包括（何秀珠，2002）：

一、活動前的準備

㈠教師本身的準備

1. 教師本身對體驗活動的認識有多少？是否有親身的經驗與體驗？與其他參與者的分享為何？如果要讓學生進行，活動內容及進行方式是否要修改？

2. 如果欲進行的體驗活動教師本身並未實際參與過，最好能請教有經驗的人分享他們的經驗，以及詢問他們的建議。

3. 在進行體驗活動時，教師必須了解此項活動是否適合學生的身心發展及生活經驗背景？要如何引導學生有強烈的參與動機？

4. 依據體驗活動欲達成的目標及學生程度，預擬討論或分享的議

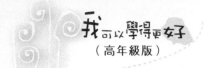

題，並且為可能無法達成目標的學生預擬補救活動。

5.規劃所需的資源與人力。

㈡學校行政配合

體驗活動不論是班級、班群或全校性，地點在校內或校外，最好都有學校行政上的配合，包括場地、設備、人力等的協調與溝通。

㈢家長的了解與支持

讓家長了解各項體驗活動的目的，並願意配合活動的需求或提供資源與人力上的協助，同時也能在體驗活動中協助或陪伴孩子，與他們一同討論和分享。

二、活動進行中

㈠活動氣氛的營造

營造一種自由、允許、開放、自由、人性化的氣氛，讓學生在自然、安全的環境中充分體驗與省思，但不要讓學生感覺這只是在「玩遊戲」、「做活動」、「很好玩」而已。

㈡時間的規劃與掌握

有些活動必須花一段時間後才能深刻體會其對個人的意義，因此在時間的安排上可能不是短短的幾分鐘，或是一堂課而已，譬如「護蛋活動」就可能要持續一週或一個月的時間。因此每個體驗活動的實施時間都必須依照活動目標、學生經驗背景、行政及家長支援等加以規劃。

三、活動進行後

㈠省思與分享

　　體驗活動後最重要的是要讓學生充分的發表，或與同學分享個人的體驗、心得與感想，讓學生從體驗、省思、討論與分享中建構屬於自己的意義，以利學生將所學的知識與態度化為行動，實踐在實際生活中。

㈡注意事項

　　在進行分享與討論時，老師亦有一些必須注意的地方：

1. 體驗活動的省思可以是寫出或畫出個人的心得與感想；也可以是小組分享、上台報告、自由發言。
2. 老師對學生的意見與想法，應表示尊重、接納或欣賞。
3. 對於學生呈現出過於負向或單一的想法時，老師可以依據學生的發展階段及生活經驗，適時的提出不同的看法挑戰學生，或是做不同的設計，讓學生在不同的情境中再次體驗。
4. 儘可能對每位學生都給予回饋。
5. 在全班學生都分享與討論後，老師也可以適度的提出個人的看法。

　　相信沒有一位學生會希望自己學習失敗、人緣差，但是這些問題卻在學校中屢見不鮮，希望透過本篇的討論，可以讓家長與老師更了解學生學習行為及其背後的原因，同時透過不同的體驗活動，讓學生從實際的經驗中，思考如何面對問題、解決問題，以及如何與他人相處與溝通。期望在你我共同的關懷下，每個孩子都是快樂的學習者。

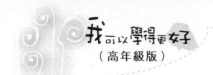

參考文獻

何秀珠（2002）。生命教育「體驗活動」實施之省思——從國小全校
性「護蛋活動」談起。**研習資訊雙月刊，19**（5），80-87。

單 元 九

學習動機
與輔導

李麗君

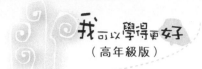

個案一
小慧

　　小慧的成績在班上屬於中下的程度，但是不像一般成績不好的學生在上課時總是無精打采、心不在焉，小慧上課時都會睜大眼睛望著老師，看起來好像很認真的在聽課，有時下課後還會去找老師問問題，請老師再幫她解釋一次，平常她也會主動去問老師要不要幫忙拿東西。小慧對班上的同學也很熱心，常常會去找同學聊天，或是自告奮勇幫同學去福利社買東西，可是在做團體作業時很多同學不喜歡跟她同一組，老師問同學為什麼？他們說，小慧常常都沒做到她該負責做的事。老師也發現，小慧經常遲交作業，每次考試前，小慧也都會告訴同學或老師自己沒有好好準備考試，她的理由很多，像是「我生病了」、「昨天家裡停電」、「媽媽要我照顧弟弟」等等。考試成績出來，小慧考得很差，可是老師覺得小慧情有可原，上課又很認真，所以老師在打成績時，在小慧成績單上的努力程度一欄，打上「甲」等，希望可以鼓勵小慧好好學習，可是小慧的成績一直沒有起色。

綜合問題診斷

🪰 成績不佳，為了避免讓別人認為自己沒有能力，採取逃避的方式或找藉口，這是為了**保護自尊**而做的自我防衛機制。

🪰 為了害怕自己成績不好會受到別人的排擠，所以在其他地方討好老師及同學，希望獲得別人的認同與肯定，顯示對自己**自信心不足**。

🪰 面對學習不佳的情況時，不去針對問題努力，而是採取其他無法解決問題的策略，顯現出**逃避表現**的行為。

🪰 未認真完成作業，導致延誤，受到同學們的排擠。

🪰 老師認為只要肯定學生，就可以激發學生的學習動機，進而提升學習成效，這是老師錯誤的迷思，因為他並未考慮到學生對老師

「肯定表現」的詮釋，認為只要讓老師肯定自己即可。因此學生會想辦法做些行為獲得老師的肯定，但是，這些行為未必可以激發學習動機，改善學習成效。

 問題分析 9-1：為維護自尊，對自己的失敗預先找藉口

　　因為害怕成績不好會被人認為是自己的能力不足，所以小慧在考試前會先跟同學或老師說一些自己沒有準備的理由，這是小慧為自己的失敗預先找藉口，對小慧來說，如果她考得還不錯，大家會覺得她很聰明，沒有準備也可以考好；就算沒考好，大家也會認為是因為有一些原因讓她無法好好讀書，所以考不好不能怪她。這是學生為了保護自己的自我價值，所採取的合理化防衛機制，讓學生可以對自己的失敗自圓其說。

 策略 9-1-1　幫助累積成功的經驗

　　小慧之所以會找很多的藉口是因為害怕自己會失敗，因此只要有足夠的成功經驗，學生就不會為自己可能的失敗預先找藉口。老師可以在上課提問時，根據學生的程度提出適當難度的問題，或是提供重點提示，引導學生可以成功的回答問題。另外也可以透過同儕合作學習的方式，讓學生彼此相互幫忙，最後達到成功的學習。

 策略 9-1-2　降低學生對失敗的恐懼感

　　除了幫助累積成功的經驗外，老師也應幫助學生降低對失敗的恐懼感。老師可以列舉社會上一些名人成功的故事，說明這些人在成功之前都曾歷經多次的失敗，但是他們不屈不撓，最後終於獲得成功；或是老師也可以分享自己遭遇失敗的經驗，讓學生明瞭經歷失敗是人

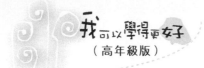
生常有的經驗，重要的不是去害怕失敗，而是如何去面對失敗，以及從失敗中學習經驗。

 策略 9-1-3 多給予表現的機會

老師在活動設計及安排時，可以參考每個學生的優勢能力，讓每位學生都有發揮所長、表現自我的機會，並且適時的給予鼓勵與增強，讓學生體會備受肯定的感覺，維護自我價值。

問題分析 9-2：自信心不足，希望獲得別人的認同與肯定

小慧因為成績不好，害怕別人會因此排擠她，所以她處處討好老師及同學，在上課時也表現得很認真，希望獲得老師及同學的認同與肯定。

策略 9-2-1 允許學生用自己喜歡的方式來呈現自己的學習成果

通常老師都會規定學生用統一方式來呈現自己的學習成果，這對一些不擅於以特定方式表現的學生來說十分挫折。因此老師在設計作業或驗收學生學習成果時，不妨給予學生較大的彈性，讓他們可以用自己喜歡或擅長的方式，如繪畫、表演等來呈現。

策略 9-2-2 與老師共同訂定學習契約

小慧希望獲得別人的認同與肯定，老師可以與小慧在開學時一起討論依據她目前的狀況她可以勝任的任務，在這項任務下，小慧可以提出自己想要達到的目標，以及打算用什麼方法達成。到期末老師可以依據小慧達成目標的情況來給予評分，如果達到當初老師認可的目

標，老師就在班上公開表揚及獎勵小慧。

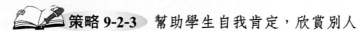

策略 9-2-3　幫助學生自我肯定，欣賞別人

　　老師可以利用綜合活動課程時間，設計活動幫助學生找到自己的優點，同時也懂得欣賞別人的長處。譬如，老師可以用「優點大轟炸」的活動讓全班同學彼此找出同學的優點；或是利用說故事的方式讓學生了解每個人都有其優點，不要小看自己或別人。

策略 9-2-4　幫助學生對自己正向的思考

　　很多成績不佳的學生都有自信心不足的問題，這是因為長期失敗的累積造成自我否定，以及對自己的學習能力產生負向的信念或想法。老師可以透過一些練習活動來幫助學生覺察負向及正向思考的差別，以及幫助學生對自己建立正向思考的態度。

✎ 練習 9-2-4.1　分辨正向或負向的話

◎ 說明：請學生自己閱讀或由老師唸出以下的句子，並分辨這些是正向或是
　　　　負向的話。

句　　　　　　子	正向	負向
1.「我一直考不好，我想我大概是個笨蛋。」		
2.「我只答對了五題，我真是差勁。」		
3.「我比上次多答對了二題，還不錯嘛！」		
4.「這個單元好難，我想我永遠都學不會。」		
5.「這個單元很難，可是我想只要多練習幾次，我應該可以學會。」		
6.「我覺得老師不喜歡我，我再怎麼努力老師也不會給我高分。」		
7.「我如果回答不出來，一定會被同學笑。」		

練習 9-2-4.2　練習正向思考及語言

◎說明：請將練習 9-2-4.1 中負向的話轉變成正向的話。

負向的話	正向的話
「我一直考不好，我想我大概是個笨蛋。」	
「我只答對了五題，我真是差勁。」	
「這個單元好難，我想我永遠都學不會。」	
「我覺得老師不喜歡我，我再怎麼努力老師也不會給我高分。」	
「我如果回答不出來，一定會被同學笑。」	

練習 9-2-4.3　自我覺察及修正負向語言

◎ 說明：請老師按照以下步驟引導學生練習對負向語言的自我覺察及修正。

1. **覺察自己的思考**

   先幫助學生發現自己對自己的行為表現有哪些想法，以及自己對自己的內在語言。譬如在看到自己考試成績不佳時告訴自己：「我永遠都學不會」。

2. **辨識自我思考與語言對情緒、動機及行為的影響**

   檢查自我思考與自我語言對情緒、動機及行為的影響。譬如當告訴自己：「我永遠都學不會」時，會感到很沮喪、難過、沒有希望，所以不會想再去多學習。

3. **評估自我思考與自我語言是否妥當**

   評估這樣的想法是幫助自己還是打擊自己？事情是否真的如自己所想的那麼糟糕？是不是真的如此？

4. **找出對自我的期許**

   自己對自己的期許為何？譬如：「我希望自己可以考出好成績」。

5. **針對自己的期許可以採取什麼樣的行動**

   譬如在下次考試提早準備、多做幾次複習、有不懂的地方去問同學或老師等。

步驟	回答
1. 對於我的表現我告訴自己……	
2. 這句話給我的感覺是……	
3. 這句話是幫助我還是打擊我？事情是不是真的很糟糕？	
4. 我希望自己可以……	
5. 我可以做些什麼來達成我想要的目標……	

問題分析 9-3：採用不當的策略，逃避表現

　　小慧不確定自己是否可以有好的表現，面對這種自信心不足的問題，小慧採取的策略不是努力用功，而是找些理由當作自己不努力的藉口；有些學生甚至會故意給自己的學習製造障礙，將自己陷於不利的情境，譬如故意讓自己著涼、感冒，然後說自己生病了、不舒服，所以沒辦法好好讀書、準備考試。這是學生在學習時以「逃避表現」為目標，因此採用了不當的策略（稱為「自我跛足」或「自我設限」策略）來逃避學習的任務。

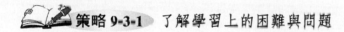 **策略 9-3-1　了解學習上的困難與問題**

　　透過診斷性測驗，了解學生在哪些觀念上發生困難及問題，並進一步給予補救教學。有關語文及數學學習問題的診斷請參見本書語文篇及數學篇。

策略 9-3-2　提供練習機會，幫助達到精熟學習

　　小慧因為害怕失敗，所以逃避表現，這可能是因為小慧對學習內容不夠精熟，因此只要多提供練習機會，讓小慧達到精熟學習，她自然就不會害怕表現了。

策略 9-3-3　運用遊戲方式鼓勵表現

　　為了了解學生的學習情況，適時的評量是必要的，但是很多學生對於考試有恐懼感，認為考試的結果代表一個人能力的好壞，因此利用很多方法來逃避表現。老師可以將評量的情境轉換成不同的活動，譬如可以設計一個闖關遊戲，把希望學生達成的學習目標分別設計在

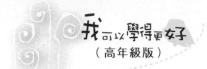

各個關卡中，讓學生在愉快的遊戲氣氛中自然的表現。

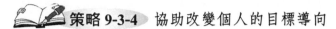
策略 9-3-4　協助改變個人的目標導向

小慧的逃避表現主要是因為她很在意別人對自己的看法，害怕別人會因為她學不好而否定她，這表示小慧把自己學習的目標定位在「表現目標」，這類學生害怕犯錯、失敗，努力主要也只是為了求得好分數，或是要贏過別人。

針對這類學生，老師在教學時不宜有太多同儕間相互競爭的活動，相對的，對於個別的進步、精熟則加以讚賞；當學生發生錯誤或失敗時，不但要幫助學生找出錯誤的原因，改正錯誤，並且協助學生了解錯誤是學習過程中的一部分，讓學生勇於挑戰，讓成就感建立在自己學到些什麼，而非成績或他人的肯定或否定，也就是幫助學生把自己的學習目標定位在「精熟目標」。

策略 9-3-5　教導可以幫助成功學習的學習策略

老師也可以教導學生一些有助於學習的策略，譬如利用諧音法、配對聯想法等方式幫助記憶，或是用心智繪圖、組織圖的方式幫助組織；另外，利用互相提出問題、自我測試等方式幫助確認是否理解。

問題分析 9- 4：延誤作業，受同學排擠

由於小慧對於學習採取逃避的態度與行為，沒有好好認真去做，總是延誤該做的作業，所以同學們都不喜歡跟她同一組。

策略 9-4-1　了解為何延誤作業

造成拖延的原因有很多，可能是時間管理不當、習慣差、缺乏責任感、沒有自制力；也可能是因為害怕失敗、感到焦慮而產生的逃避行為。老師可以透過個別談話或家庭訪問方式了解學生的作息及心理感受，並且讓學生知道拖延只會讓事情變得更糟糕。

策略 9-4-2　幫助停止拖延

如果學生是因為不擅於時間管理，老師可以提供以下方法幫助學生如何做好時間管理。

1. 練習掌握時間：配合練習 9-4-2，老師可以幫助學生了解自己對時間的規劃及掌握。

2. 訂定優先順序：依據工作的重要性及時效性分別訂出工作進行的優先順序，再依據規劃逐一進行。

3. 撰寫備忘錄：可以用 N 次貼在特定地方，如房間鏡子、電腦螢幕，提醒自己該做的事。

4. 分段進行：把一個很大的作業分成幾個小段落來進行，或是每天只做其中一部分，分次完成。

5. 設定固定寫作業時間及地點：找一個可以讓自己不受干擾的時間及地點做作業，並讓自己習慣在定時、定點寫作業。

練習 9-4-2　練習掌握時間

◎ 說明：請在下表第一欄列出要做的事情，第二欄填上預定完成時間，等到
　　　　完成時在第三欄填上實際完成時間，第四欄則替自己打分數。最後
　　　　再根據自己時間掌握的情形給予評語。

待做的作業	預定完成時間	實際完成時間	評分 ☺：比預定進度超前 ○：按照進度完成 ✗：未按照進度完成

總評語：

_____

_____

_____

_____

策略 9-4-3 對於如何完成作業，提供明確的提示或指引

　　某些學生對於作業不是不願意去做，而是不知從何下手，對於這些學生，老師可以提供明確的提示或指引，幫助學生按部就班的進行，或是教導學生把作業分成幾個部分，並且分別訂定預定完成時間，分別完成。

> **問題分析 9-5：老師誤認只要肯定學生的認真就可促進學生學習成效**
>
> 　　老師從小慧上課及平時表現來看，認為小慧是很認真的學生，因此在打成績時，對於她的努力程度給予高度肯定，也希望藉此鼓勵小慧，激發她的學習動機，進而提升學習成效，但事實上，老師忽略學生對於肯定表現的詮釋。換言之，小慧知道老師喜歡上課認真聽講的學生，也會給這些學生加分或肯定，小慧因此在上課時特別表現得很認真，但是她只是看起來認真，實際上並沒有真正認真的去學習，小慧的學習成效也沒有因此而提升。老師對學生的肯定並未真正幫助學生好好的學習。

 策略 9-5-1 了解學生對教師期望的解讀，必要時調整教師期望，並讓學生了解教師真正的期望

　　老師必須覺察到自己對於小慧的肯定並未激發小慧的學習動機，也沒有幫助她的學習；換言之，老師對小慧的處理方式並未達到預期效果。因此，老師必須進一步去了解小慧對老師期望的解讀，是不是小慧認為只要上課表現認真就是老師所期望的。老師應該自省是否自己過於強化學生上課要認真聽講的部分，卻忽略學習成果上的實質表現。如果有此情況發生，老師宜調整自己的獎勵行為，同時也應很清

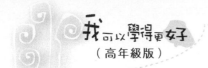

楚的讓學生知道老師的期望為何,以幫助學生朝向老師的期望而努力。

策略 9-5-2 提供有助於學習成效的獎賞

提供獎勵或讚美是激勵學生學習很好的誘因,但是如果獎賞的方式不當,不但無法發揮其原本應有的效用,甚至可能適得其反。以下列舉一些有助於或無助於學習成效的獎賞情境供做參考:

有助於學習成效的獎賞	無助於學習成效的獎賞
・視實際情況給予獎賞。	・隨機或無系統的獎賞。
・達到明確指定的表現標準時方給予獎賞。	・只要參與就給予獎賞,不考慮其過程及結果(如:大家今天表現的很好,全班加分)。
・明確指出獲得獎賞的原因(如:你這句話的形容詞用得很恰當)。	・給予籠統性的獎賞原因(如:做得很好)。
・考慮學生有經過努力完成任務而給予獎賞。	・未顧及學生是否付出努力即給予獎賞。
・看到學生願意付出努力是因為想要完成任務或學會某種技能,因此給予獎賞。	・看到學生願意付出努力是因為想要獲得老師或同學的讚賞。
・當學生超越自己過去的表現時給予獎賞。	・當學生超越班上其他同學表現時給予獎賞。

策略 9-5-3 依據進步點數給予獎勵

為了鼓勵小慧在學習上的努力,老師可以先根據小慧過去考試的平均表現設定一個「基準分數」,在接下來的考試中,只要分數超過基準分數都可以獲得「進步點數」,老師可以依據超過基準分數的多寡設定不同的進步點數,譬如:

- 超過基準分數 5 分，可得 5 點
- 超過基準分數 6-10 分，可得 10 點
- 超過基準分數 11-20 分，可得 20 點
- 超過基準分數 21 分以上，可得 30 點
- 考滿分可另外加 10 點
- 沒有超過基準分數 5 分或低於基準分數不予記點

當學生累積到某一個點數（如 30 點），除了可以在努力分數上加分外，還可以獲得額外的獎勵。

此外，老師也可依實際狀況，決定以多少次考試為一回合。每一回合結束，再重新計算基準分數。

個案二　大偉

　　大偉是個成績優異、上課表現認真的好學生。他的導師王老師是位喜歡與學生互動的老師，他經常在課堂中提出問題，要學生回答或是發表意見。王老師的作法在過去幾年一直運作得很順利，學生的參與情形也不錯，可是今年的狀況有點不同，每次王老師提問時，大偉都爭著回答。原本王老師希望大偉的學習態度可以給班上其他同學很好的示範，帶動班上同學回答問題的風氣，可是漸漸的王老師發現，班上其他同學在學習態度上反而變得意興闌珊。王老師於是改變活動方式，採小組討論，並由各組派代表輪流回答。經過王老師調整之後，班上同學整體參與的情況略有改善，可是王老師卻發現和大偉同組的同學，個人的學習表現並沒有進步，學習動機也似乎越來越低。王老師於是找這幾位同學談話，同學告訴王老師，大偉每次在進行小組討論的時候都不管同組同學，自己就先把答案寫出來，直接交給要上台回答的同學，其他同學的意見和想法經常被大偉否決；如果上台的同學沒有把答案寫清楚，被老師扣分，或是速度不夠快，讓別組同

學先得分，下台後都還會被大偉指責。雖然大致來說，只要跟大偉同一組的同學都可以得到很多團體加分的機會，可是班上很多同學還是不喜歡跟大偉同一組。

 綜合問題診斷

🪰 個人主義過強，力求表現，忽視其他人的想法與感受。

🪰 不懂得接納別人的意見。

🪰 缺乏與人合作的態度與精神。

🪰 老師的活動過於強調結果及速度競賽。

> ### 🔍 問題分析 9-6：大偉個人主義過強，力求表現，忽視其他人的想法與感受
>
> 　　大偉在班上一向成績優異，學習上本身並沒有什麼困難，剛好王老師也鼓勵班上學生回答問題，因此大偉在班上積極的爭取表現機會。但是大偉的個人表現行為卻影響了班上其他同學的表現意願。雖然王老師注意到這樣的狀況，改採小組討論及輪流回答的方式，但是大偉個人行為並未因此改善。

📖✏ 策略 9-6-1　把全組參與表現的情形納入記分中

　　為了避免由個人表現決定團體成績的情形，老師可以在進行小組活動前先說明，老師記分方式是以全組參與的表現為主，並非取決於個人表現，好讓班上同學了解全組參與的重要性及必要性，一來鼓勵其他同組同學的參與，二來也提醒大偉不應只求個人表現。

📖✏ 策略 9-6-2　鼓勵幫助他人學習之行為

　　在小組活動中，老師也可以針對同組同學們有互相幫助的部分多

加以鼓勵及獎勵，讓學生了解到幫助別人的好處。

 策略 9-6-3 指派擔任小老師，指導其他同學學習

　　大偉的成績很好，但是他只在意自己的學習及表現，老師可以指派他擔任班上課業的小老師，指導其他同學學習，一方面讓大偉可以幫助同學學習，另一方面則幫助大偉與其他同學們建立起同儕關係。

 問題分析 9- 7：大偉不懂得接納別人的意見

　　大偉在小組活動時只想求好、求快，完全不顧同組其他人的想法與意見，這表示大偉不懂得接納別人的意見。

 策略 9-7 學習容忍異己的精神

　　老師可以利用綜合活動課程時間，安排體驗活動，讓學生學習如何傾聽其他人的想法；或是當他人的想法與自己不同時該如何處理。

 問題分析 9- 8：大偉缺乏與人合作的態度與精神

　　大偉在進行小組活動時只在意是否可以很快的完成答案，完全忽略小組活動時與他人合作的精神與態度。

 策略 9-8 協助建立合作、分享的態度

　　老師可以利用綜合活動課程時間，安排體驗活動，讓學生了解合作的重要性，以及互相分享的樂趣。

問題分析 9-9：老師的活動過於強調結果及速度競賽

　　很多老師在活動設計時會強調先答對的才給分，原本老師希望可以藉此激發學生積極的討論，但是這種過於強調速度競賽的方式會讓學生認為愈快完成答案愈好，導致學生在活動進行過程中會忽略全組成員的充分討論。

策略 9-9-1　改變小組討論內容

　　老師在進行小組活動時，對於內容宜加以思考，選擇一些需要透過多人一同討論產生答案的主題，或是強調要的是愈多不同想法愈好的內容來進行小組討論，讓學生確實進行小組討論。

策略 9-9-2　強調全組成員均要精熟學習

　　老師在進行小組活動時也可以強調必須小組成員每位學生均達到精熟時才給分。在作法上老師可以將輪流回答的方式改為臨時抽點方式，這樣可以避免學生在參與討論時，因為事先知道自己的輪流順序，只專注在自己要回答的題目上。

策略 9-9-3　運用拼圖式學習法

　　為了讓每位學生都有參與的機會，老師可以採用拼圖式學習法來進行小組活動。拼圖式學習法的流程及其重點如下：

1. **選擇主題教材**：將一個主題教材分成好幾個部分，譬如討論的主題是「近代自然科學的發展」，可以分成物理、化學、生物學、天文學、地球科學等幾大部分。
2. **異質性分組**：在每個小組中盡量安排背景不同的成員，包括不同

的性別、族群、程度等。小組中每個成員則各自擁有主要負責的
內容。

3. **閱讀主題資料**：每個小組成員共同閱讀所有的主題資料內容。

4. **專家小組討論**：各小組負責同一部分內容的同學集合在專家小組
中，針對所負責的內容進行討論。

5. **回到原小組報告**：經過專家小組討論後，各小組成員回到原小組
教導其他成員，幫助小組每位成員對於內容更加精熟、理解。

6. **進行測驗**：每位小組成員接受所有內容的測驗。

7. **計算成績**：成績計算時是累積每個小組成員的成績轉換成小組成
績。

8. **進行小組表揚**：最後的表揚是以小組為單位。

　　這種拼圖式學習法強調小組成員各自擔任不同角色，各自有負責
的部分，共同分擔學習工作，彼此分享學習資源，因此在活動過程
中，每位學生都有成功的機會，每個學生的表現也都會受到團體其他
成員的重視。藉由這樣的活動方式可以幫助學生建立互助、互信的精
神。

單元十

體驗活動與輔導

張景媛

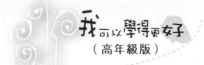

團體初期選用的活動【目的在建立團體凝聚力】

活動名稱㈠：我的最愛（暖身活動）

活動名稱㈡：好友與我（凝聚活動）

活動名稱㈢：大樹的叮嚀（凝聚活動）

團體中期選用的活動【目的在學習面對問題做最好的處理】

活動名稱㈣：握緊我的手（信任活動）

活動名稱㈤：一起來拍照（溝通活動）

活動名稱㈥：打掃的樂趣（合作活動）

活動名稱㈦：我該怎麼辦（問題解決）

活動名稱㈧：勇敢去面對（社會責任）

活動名稱㈨：有你真好（溝通活動）

團體後期選用的活動【目的在將所學落實在生活中】

活動名稱㈩：真情相對（溝通活動）

活動名稱㈢：人際支援網（關懷活動）

活動名稱㈢：奇蛋闖天關（社會責任）

活動名稱(一)

我的最愛（暖身活動）

一、活動目標

1. 透過介紹自己最喜愛的物品來熟識團體成員。

2. 在活動中培養成員欣賞別人的表現，能專注傾聽別人的經驗分享。

3. 了解每個人的獨特性，學習尊重與我不同意見的成員。

二、活動的理論基礎

1. 團體的初期是一個定向和探索的階段，透過介紹活動逐漸建立彼此的關係，以減低緊張、懷疑和焦慮感，是團體成功的基礎。

2. 阿德勒認為每個人都有社會興趣（social interest），這種驅力會讓個體在團體中努力的追求自己的一個有意義的位置，以及對團體產生認同感與歸屬感。

3. 本活動屬於阿德勒諮商歷程的第一個主題：建立尊重的合作關係。

三、活動對象：五到九年級學生。

四、活動人數：每組 10 至 15 人，或全班分小組進行亦可。

五、活動地點：室內、室外空地皆宜。

六、活動器材：個人攜帶一件自己喜歡的物品。

七、活動時間：約 30 分鐘。

八、活動流程

1. **介紹自己**：成員圍成一個圈坐好，拿出自己帶來的物品，一一介紹自己的姓名、興趣，以及為何這件物品是他的最愛。

2. **看法想法**：全部成員注意傾聽每個人的說明，並在介紹人說完之

後，可以主動說出自己類似的經驗與想法，也可以提出問題請介紹的人再加以補充說明。

3.**產生聯結**：領導者請成員回想每個人的介紹內容，並教導成員如何運用「聯想法」將每個人的特性記得牢。例如：張惠如喜歡聽音樂，她最喜歡偶像明星的照片，這時可以聯想成「張惠如喜歡張惠妹的歌，她愛蒐集偶像的照片。」

4.**尋找伙伴**：每位成員可以站起來尋找一位剛才你很同意他的說法的成員，進一步的提出問題互相討論（例如：你喜歡的休閒活動是什麼？你最害怕的東西是什麼？）。然後，再找一位你不怎麼同意他的說法的成員，也提出相同的問題互相討論。

5.**引導思考**：領導者請成員回座位，並提出問題請成員思考：

(1)今天的活動讓你認識了幾位成員？哪些成員感覺比較熟識？哪些成員還沒有很清楚的認識？為什麼會有這種現象？以後可以如何更認識這些成員？（**目的：認識成員**）

(2)在這個活動中，你有什麼想法要說或要問的？（**目的：成員主動說出想法**）

(3)活動進行中，你是否能專心的聽別人介紹？為什麼你會專心／不專心的聽？你覺得原因可能有哪些？專心聽有什麼好處？（**目的：引導成員在團體中要懂得專注與傾聽**）

(4)當我們練習用聯想法來記成員的特性時，你有什麼發現？自己的記憶有變得更好嗎？這種聯想法有什麼好處？它還可以用在什麼時候？（**目的：引導成員運用聯想法幫助記憶，讓學習更有效**）

(5)當你去找你很同意他的說法的成員時，你有什麼發現？他的興趣嗜好哪些與你相同？哪些與你不同？（**目的：我欣賞的人也會有與我想法不同的時候**）

(6)當你去找你不是很同意他的說法的成員時，你有什麼發現？他

的興趣嗜好哪些與你相同？哪些與你不同？（目的：我不同意他的說法的人也有與我相同意見的時候）

(7)為什麼你很同意他的意見的人，有時候也與你的想法不同？為什麼你不是很同意他的意見的人，有時候想法也與你相似？

（目的：每個人都很獨特，要尊重每一個成員的想法與意見）

6.歸納整理

(1)團體中每個人的興趣喜好都有所不同。

(2)團體中有些人與我的想法相近，有些人與我的想法不同。

(3)不論成員的說法為何，都可以透過傾聽、尊重與溝通，讓彼此更了解對方的意思。

(4)學習有時需要透過方法，例如：運用聯想法可以增進我們的記憶力。

(5)每個人都有自己的特質與喜好，了解自己的特質，多多將優點發揮出來。

7.實踐活動：請成員練習專注傾聽的習慣，提出問題的方法，並對同學的反應給予鼓勵和支持。

◉**延伸思考**（若學生能力所及，可給予其延伸性的思考問題）

*1.*生活中你曾參加過哪些團體？你有什麼樣的經驗呢？

*2.*今天的團體給你什麼感受？你希望未來的團體能如何發展下去？

*3.*你希望自己在團體中扮演什麼樣的角色？為什麼？

活動名稱㈡

好友與我（凝聚活動）

一、活動目標

1. 透過活動讓成員了解合作默契的重要和影響因素。

2. 經由活動的體驗，省思自己和朋友及家人間的互動情形，並找出增進彼此合作默契的方式。

二、活動的理論基礎

1. 在團體形成期，建立團體和諧的氣氛與團體的凝聚力，是培養團體成員自主性與積極參與的必要條件。

2. 阿德勒學派認為個體會從父母、手足及重要成人的關係中，學得自己的地位，並產生獨有生活的經驗與規則，因此其重視個體再教育的價值與社會重新塑造的意義。

3. 本活動屬於阿德勒諮商歷程的第一個主題：建立尊重的合作關係。

三、活動對象： 五到九年級學生。

四、活動人數： 每組 10 至 15 人。

五、活動地點： 室內外皆可。

六、活動器材： 材質鬆軟的酷奇球數個（視人數而定，每個人拿到的球顏色需不同）；哨子一個。

七、活動時間： 約 35 分鐘。

八、活動流程

1. **圍成圓圈：** 所有成員背向圓心，圍成一大圓圈。

2. **拋球接球：** 領導者給其中三個人每人一顆球，吹出哨音讓他們向

上拋球（注意：聽到哨音，才能拋球，拋球的高度約二層樓），令其他成員接住這三顆球（上述三人不可再接回他們向上拋的球），一個人只能接一顆球，再由剛接住球的三個人，向上拋球，由其他成員接，如此練習直到所有人都接過球（注意：接過的人不可再接球）。

3. **增加球數**：領導者再加入兩顆球，讓五個人手上持有一顆不同顏色的球，重複上述第2.的步驟，直到所有人都接過球，且球不落地（若有一顆落地需重新開始）。

4. **引導思考**

(1) 在此活動中，你覺得印象最深刻的是哪一個階段？為什麼？（目的：自由發表想法）

(2) 當你接到球或漏接了，你有什麼感覺？為什麼？（目的：說出個人的感受）

(3) 當球越來越多時，你有什麼感受？你會如何配合團體成員共同達成目標？（目的：發現自己運用的策略）

(4) 團體活動進行討論時，你會主動加入討論或當旁觀者，為什麼呢？（目的：察覺自己在團體中的行為表現）

(5) 在活動中，我覺得團體能夠達成任務最重要的原因是什麼？（目的：發現團體成員應負的責任）

(6) 回憶一下，自己最喜歡的好朋友是誰（可以是同學，也可以是家人）？你不一定說出他的名字，但是你可以說和好朋友一起做的一件事是什麼？當時兩人是如何進行這一件事的？（目的：覺察與好友共同做事時的心態與行動）

(7) 和好朋友共同做一件事時，會運用哪些策略與方法？（目的：歸納良好的做事心態與方法）

5. **歸納整理**

(1) 一件事情剛開始時可能因為缺乏默契，而無法順利完成任務。

(2)當大家有心完成任務時，就應該貢獻個人的智慧，提出可能的方法與策略，並嘗試做做看。

(3)我們如果和好友共同做一件事時，通常會採用主動的態度來做事，這種態度有助於完成任務。

(4)當我們與同學共同完成任務時，會增進自己的自信心，覺察到自己是有能力的人。

6.**實踐活動**：請成員練習主動關懷他人的態度與方法，能鼓勵同學積極參與班級的活動。

◉**延伸思考**（若學生能力所及，可給予其延伸性的思考問題）

1. 我的朋友或家人中，誰和我最有默契？我們曾經有過哪些有默契的經驗？我和他們如何維持我們的默契呢？

2. 在班級或其他團體中，有哪些活動感覺較無合作默契？你覺得應該怎麼改進才能解決這樣的問題？

3. 平時我可以如何和朋友、父母或兄弟姊妹培養合作的默契？

活動名稱㈢

大樹的叮嚀（凝聚活動）

一、活動目標

1. 透過活動增進個體在團體中的凝聚力與歸屬感。
2. 鼓勵成員討論有益於團體的共同約定，承諾遵守團體訂定的公約。
3. 激勵團體成員適度的表達自己的意見、想法，並尊重他人的意見。

二、活動的理論基礎

1. 在團體建立初期，建立團體一般性目標與歷程性目標，是凝聚團體向心力與群體動力的原則。
2. 阿德勒學派主張人都有追求目標的本質，在這追求成就的過程中，隨著目標與價值的轉移而改變其行為，這種目標的追求就是個體生活形式的展現。
3. 本活動為阿德勒諮商歷程的第二個主題：探索自我的生活型態。

三、活動對象：五到九年級學生。

四、活動人數：每組 10 至 15 人。

五、活動地點：室內、室外皆可。

六、活動器材：半開海報紙一組一張；彩色筆、麥克筆數枝；蠟筆、樹葉形紙片（每人 4 至 6 片）；膠水數瓶。

七、活動時間：約 40 分鐘。

八、活動流程

1. **畫出樹幹：** 先將海報紙、彩色筆、樹葉形紙片發給各組成員，請每組在海報紙上畫上一棵樹的樹幹，並在樹幹上寫下該組的團隊

名稱。

2.**討論約定**：讓各組進行討論。在團體遊戲、活動或競賽中，本隊的共同約定是什麼？接著畫出樹的支幹（中間寫上討論的項目內容）。

3.**具體規範**：在支幹上畫一些樹枝，然後對每一支幹內容討論具體達成的方法，如有意見不同時，可充分討論後進行表決。

4.**承諾約定**：在自己所擁有的樹葉（約4至6片）寫上自己的名字，將有自己名字的樹葉，黏貼在每一支幹的樹枝上，同時說出服從約定的具體作法（內容可包含：我願意盡全力達成團體目標、我願意和他人分享我的感受、我會主動和其他人溝通、我會服從大家的共同決定……等）。

5.**引導思考**：討論完該組的契約樹後，大家共同分享在這歷程中的心得感想。

(1)為什麼要有這樣的約定？這些約定對我們這個團體有什麼幫助？（目的：先自由發表意見）

(2)在討論的過程中，團體和個人發生什麼問題，你們如何解決？（目的：發現團體遇到困難或意見不同時是如何解決問題的）

(3)在下一次的活動中，你們要如何維持你們共同的約定？（目的：了解這些規範是需要真正執行的）

(4)當你想到要遵守共同約定的具體行為，你有什麼感受？是否會覺得很難做到？為什麼？（目的：思考自己是否能用心遵守規範）

(5)在活動中，你是否有充分表達自己的意見？如果沒有，是為什麼？（目的：發現自己是否能將想法充分表達出來）

6.**歸納整理**

(1)團體中的規範主要是保障大家的權益。

(2)成員自己訂定出來的規範特別具有意義。

(3)每個規範都是大家認可的，也都需要大家共同遵守。

(4)討論過程中，雖然意見會有些不同，但是經過充分的表達意見後，由大家決定最後的結果，這就是民主的過程。

7.**實踐活動**：接下來團體活動進行時，要注意成員是否遵守規範，並能稱讚成員的表現。

⊙**延伸思考**（若學生能力所及，可給予其延伸性的思考問題）

1. 在生活中，有哪些情境也需要這樣的契約樹？

2. 在家中，你和家人有什麼共同遵守的約定？你有表達意見的機會嗎？

3. 在什麼狀況下，這些約定會被打破，你的感受如何？

活動名稱㈣
握緊我的手（信任活動）

一、活動目標

1. 透過活動讓團體成員增加彼此的信任感與安全感。

2. 經由活動引導個體探索生理與情緒的變化，並能面對自己正負向的情緒反應。

二、活動的理論基礎

1. 在平等、信任與尊重的基礎上，鼓勵成員積極參與並承擔責任，是建立與維持良好關係的必要條件。

2. 阿德勒學派著重團體的信任感，培養彼此的合作關係，透過團體的互動，降低兒童的焦慮與防衛，使其在尊重與信任的環境中，對自己的情緒能有成功的經驗。

3. 本活動屬於阿德勒諮商歷程的第三個主題：鼓勵對自我生活型態的洞察。

三、活動對象：五到九年級學生。

四、活動人數：人數不限，每組 3 人。

五、活動地點：室外平坦空地。

六、活動器材：三角巾或眼罩每人一份。

七、活動時間：約 35 分鐘。

八、活動流程

1. **說明規則**：領導者說明活動規則和注意事項。

2. **帶領與被帶領**：每組有三人，其中兩位擔任帶領者（甲和乙），

而一位擔任被帶領的人（丙），帶領者為被帶領者戴上三角巾或眼罩。

3. **試作動作**：帶領者（甲和乙）引導被帶領者（丙）先適應看不見的感覺，走幾步路，做一些簡單的伸展操，讓丙適應暫時失去視覺的感覺。

4. **避免競爭**：領導者請每一組成員到起跑線上準備，並強調不以快速為比賽標準，以跑完 50 公尺或是跑滿 2 分鐘為目標，以免為了比賽競爭而受傷。

5. **開始行動**：領導者一聲令下，每組兩位帶領者同時牽著被帶領者慢跑，帶領者必須替被帶領者注意安全，若需要轉彎時需事先提醒，如此大家牽著一起行動，直到抵達終點線。

6. **交換角色**：達成任務後，帶領者其中一人和被帶領者交換角色，再進行活動。

7. **回到團體**：每組三人都完成任務後，三人先分享，再回到大團體，進行回饋與討論。

8. **引導思考**

(1)這個活動讓我想到什麼？（目的：先開放性的讓學生將心中的想法盡量表達出來）

(2)當我是帶領者時，我會注意哪些事情？為什麼？（目的：先從帶領者的角色來探討問題）

(3)當我身為帶領者時，我心裡有什麼感覺？為什麼我會產生這些感覺？（目的：再從被帶領者的角色來思考問題，並要深入思考自己為何會產生這樣的感覺和想法）

(4)當我是被帶領者時，我希望帶領我的人怎麼做，才能讓我更信任他呢？（目的：了解被帶領者的期望與帶領者的行為相符的情形）

(5)從這個活動中，我學到了什麼？（目的：綜合之前的討論，發

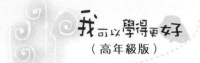

現了哪些問題）

(6)生活中有哪些時候我是被帶領的？哪些時候我是帶領別人的？

（目的：將本活動與真實生活情境聯結）

(7)當我是學藝股長帶領別人布置教室時，我要考慮哪些問題？

（目的：找出一個真實事件，將活動中的發現應用在真實事件中來思考）

9.**實踐活動**：從班上每天的活動中培養信任關懷的感覺，每個人思考如何做事能讓別人對我產生信任感。

◉**延伸思考**（若學生能力所及，可給予其延伸性的思考問題）

1. 什麼情況下，我會信任別人？而在哪些情況下我不能信任別人？

2. 我是一個可以被別人信任的人嗎？我會做些什麼來讓別人信任我？

3. 我和誰的關係最好，除了彼此的信任，還有哪些原因讓我們的關係這麼好？

活動名稱(五)
一起來拍照（溝通活動）

一、活動目標

1. 經由活動讓成員學會和他人溝通。
2. 透過活動培養成員從不同的角度來觀察生活周遭的事物。
3. 從活動中找出自己與他人觀點不同的原因。

二、活動的理論基礎

1. 從心理動力學的觀點來看，成員有效的溝通過程就是團體成熟度的表現。
2. 阿德勒學派主張每個人都有自己的私人邏輯（private logic），對自己、對他人、對生活都有不同的概念或想法，這些想法或概念會構成他的生活型式（life style）。
3. 本活動的階段屬於阿德勒諮商歷程的第三個主題：鼓勵對自我生活型態的洞察。

三、活動對象：五到九年級學生。

四、活動人數：2人一組。

五、活動地點：戶外。

六、活動器材：12×20公分的紙框數個（兩人一個，依人數而定），下框中間連著一根細木棍（如圖示）。

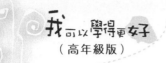

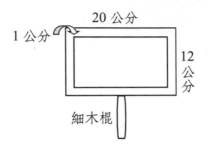

20 公分

1 公分

12 公分

細木棍

七、活動時間：約 35 分鐘。

八、活動流程

1. **兩人一組**：一人為照相機，另一人為拍照者。

2. **示範取景**：領導者先示範相機鏡頭，將鏤空紙框舉起，在眼睛前瞄準好框取的景物。

3. **開始行動**：扮演照相機者閉上眼睛，由扮演拍照者帶至各處拍照。

4. **練習取景**：隨著拍照者的口語引導至一景點，拍照者替照相機者調整好鏡頭的角度、焦點、遠近距離與畫面，用紙框在照相機者面前取好景物，並令照相機者拿好紙框，不要動。

5. **欣賞景物**：拍照者喊「卡嚓」一聲，照相機者隨即睜開單眼或雙眼，欣賞眼前紙框所框取的景，維持 8 至 10 秒鐘。

6. **再拍一張**：拍照者拍一下照相機者，關上相機鏡頭（閉上眼睛），再引領他至下一個景點。

7. **輪流取景**：兩人輪流扮演拍照者及照相機，直到拍完二張底片，之後兩人分享這過程的點滴。

8. **分享討論**：等到各組皆拍完照，回到大團體進行分享討論。

※**注意事項**

◎拍照者在進行引導時，需站在扮演照相機者的前面，讓照相機者的手能碰觸到拍照者的背部。

◎扮演照相機者一定要閉上眼睛，不可偷瞄，直到按下快門才能睜開。

9.引導思考

(1)活動中發生哪些事？（目的：讓學生自由發言）

(2)當你扮演拍照者，帶領照相機者時，你會注意哪些事？（目的：不同角色有不同的任務）

(3)你在扮演拍照者或照相機時，有哪些感覺？（目的：覺察角色間的差異及其原因）

(4)當你是照相機時，睜開眼睛的一剎那，你看到了什麼？和拍照者所設定的景物一樣嗎？如果不一樣，是為什麼？（目的：了解每個人有不同的看法與想法，每個人都是獨特的。）

(5)拍照者幫你選的兩張照片中，你最喜歡哪一張？為什麼？（目的：發現與我不同的人，也可能有與我相似的感覺）

(6)你扮演拍照者為別人選的兩張照片，和別人（扮演拍照者）為你選的兩張照片，有什麼相同或不同的地方？（目的：覺察自己與他人的想法，有哪些相同與不同之處）

(7)當你發現自己和他人對同一件事的意見不一樣時，你會怎麼做呢？（目的：覺察自己與他人的不同之處後，思考如何與人溝通，才能讓對方了解我的意思）

10.實踐活動：本週練習與人溝通的方法，發現自己哪一次的溝通效果特別好。

◉ **延伸思考**（若學生能力所及，可給予其延伸性的思考問題）

> 1.生活中，什麼時候你會發現自己和他人對同一件事有不同的想法？
>
> 2.在家中，當我與家人意見不同時，我可以如何和家人說出心中的想法？
>
> 3.當我和別人想法不同時，我要如何聽懂對方的意見，並找出意見不同之處？

活動名稱㈥

打掃的樂趣（合作活動）

一、活動目標

1. 經由活動讓成員培養團隊的溝通協調。

2. 透過活動觀察和體驗他人與自己在團體中的角色。

3. 在活動中體會團體合作的重要性。

二、活動的理論基礎

1. 創造團體支持與挑戰性的氣氛，能讓成員有接受負向回饋及面質的勇氣。

2. 阿德勒認為隨著生活的擴展，我們需要有冒險及面對問題的勇氣（courage），才能因應迎面而來的挑戰。

3. 本活動的階段屬於阿德勒諮商歷程的第三個主題：鼓勵對自我生活型態的洞察。

三、活動對象：五到九年級學生。

四、活動人數：10 至 12 人一組。

五、活動地點：戶外。

六、活動器材：貼有數字 1-9 的黑色塑膠布。

七、活動時間：約 30 分鐘。

八、活動流程

1. **說明規則：** 領導者先告知成員前方有一個黑水塘（如圖示），要穿越它需依照跳石上的數字，由 1→9 的順序一一通過，才能到達目的地。

2. **攜手同行：**成員手牽手按照數字的順序，一一踩著數字到達目的地。

3. **分享討論：**等到全體成員全數通過後在終點處，圍坐成一圈進行分享與討論。

黑水塘

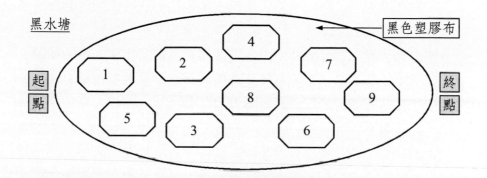

4. **再次挑戰：**成員討論如何「更有效率」的完成任務後，進行第二回合的挑戰。

5. **經驗分享：**成員完成第二次任務後，進行反思討論其成功或失敗的經驗。

※**注意事項**

◎ 開始行進時，全組成員需手牽手，一個接著一個，過程中不可讓手鬆開，否則需重來。

◎ 每一個數字跳石上，僅限一隻或兩隻不同人的腳，且每人兩腳所踩的數字必須相連著（如1和2、3和4、8和9等），不可間隔（如2和4）。

◎ 每個人需按照順序一一踩過數字1-9，從第一個人開始。

◎ 每位成員不可將兩隻腳踏在同一個數字跳石上。

6. **引導思考**

(1)在渡黑水塘的過程中，遭遇了什麼困難？團體成員如何解決？

（目的：發現自己時時發現問題並加以解決）

(2)在這項活動中，什麼地方讓你印象最深刻？（目的：找出活動中對自己最有感覺的事）

(3)第一次和第二次挑戰有什麼不一樣的地方，小組完成任務的時間有進步嗎？為什麼？（目的：發現大家共同思考問題加以解決的好處）

(4)整個團體在進行活動中，你覺得你自己做了什麼來幫助團體成員達成任務？（目的：發現自己在團體中貢獻了什麼）

(5)團體任務如何進行會最省時省力又有效？（目的：歸納活動中的心得）

(6)我們班上有什麼事是需要團隊合作，省時省力完成任務的？目前的方式好嗎？有什麼可以改進的地方？（例如：清潔工作）（目的：將活動心得應用到日常生活中）

7.**實踐活動**：全班將討論出來的辦法進行實驗，下週討論實驗的效果如何？哪些地方可以再改進？

◉**延伸思考**（若學生能力所及，可給予其延伸性的思考問題）

1. 在團體中和別人合作需注意些什麼？
2. 在團體中你比較喜歡當什麼角色（如領導者、無意見者、服從他人／領導者……等）？為什麼？

活動名稱(七)

我該怎麼辦（問題解決）

一、活動目標

1. 透過活動體會團隊合作的重要性。

2. 經由活動學習如何與團體溝通。

3. 從活動中思考各種解決問題的可能性。

二、活動的理論基礎

1. 團體透過活動的催化使團體成員更能彼此尊重與合作，分享彼此的想法，達成團隊的目標，並以團隊的任務為優先考量。

2. 阿德勒學派認為個體在團體中會找到立足點，與尋求隸屬感與貢獻感，且當自己明白有哪些新方向的可能，透過他人的鼓勵修正行為的目的，激勵其勇氣，必能將洞察化為行動。

3. 本活動的階段屬於阿德勒諮商歷程的第四個主題：引導個體為自我重新定向。

三、活動對象：五到九年級學生。

四、活動人數：每組 8 至 12 人。

五、活動地點：室內、室外空地皆可。

六、活動器材：籃子一個（可裝下數個籃球）；籃球、排球、手球、網球、桌球或高爾夫球各一個。

七、活動時間：約 30 分鐘。

八、活動流程

1. **分成兩列**：每組成員一半在左，一半在右，面對面站著。

2.**要手牽手**：每位成員與對面的成員手牽手，兩手需和兩位對面的成員牽在一起。

3.**決定起點**：由成員決定起點的位置，並在終點處放置一個籃子（如圖示）。

4.**輸送任務**：由教師或裁判者將球放在起點處（成員交錯的手上），一次一顆球，由成員共同選擇送球的順序，直到全部的球都輸送至終點。

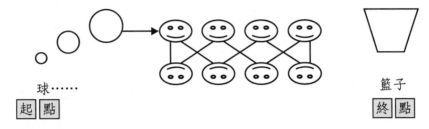

球……
起 點

籃子
終 點

※**注意事項**

◎每位成員的雙手只能和對面成員互牽，且每隻手需牽不同的人。

◎在運送貨物（球）的過程中，成員的手不得放開，否則重新再來。

◎在傳送貨物（球）的過程中，不可掉至地面，否則需重新開始。

◎每位成員的手在活動時，不可高於自己的肩膀。

◎除了手臂外，不得用身體其他部位碰觸運送中的球。

◎在活動中，特別提醒學生小心頭部相撞，因距離太近。

◎此遊戲的媒介可以由球變化為各種大小不同的物品，惟不應太重且角度不可過於尖銳傷及皮膚。

◎此活動可以限制團體成員手部的高低位置。

◎此活動可以改變學生牽手的方式，或是指定其他可碰觸球的身體部位。

5.**引導思考**

(1)在活動中，大家是如何溝通協調彼此的動作，以使貨物安全抵達目的地？（目的：回顧活動中的各種狀況）

(2)在活動進行中印象最深刻的是什麼？從中我發現了什麼？（目
　的：從討論中發現每個人的焦點不太一樣，大家都提出自己的
　發現）

(3)如果由你負責協調，要怎麼做才能最快成功？（目的：找出成
　功的關鍵）

(4)在活動中，當你無法自由控制你的手臂時，你有什麼感受？
　（目的：感受自己在挫折中可能的情緒反應）

(5)在團體中，你會如何顧及他人的需要，來與其配合共同達成任
　務呢？（目的：達成任務需要大家互相協調配合）

(6)過去有什麼失敗的經驗？感覺如何？（目的：發現每個人都有
　許多失敗的經驗）

(7)過去有什麼成功的經驗？感覺如何？（目的：發現每個人也有
　許多成功的經驗）

(8)當你未來面對成功或失敗經驗時，你會如何做？為什麼會這樣
　做？（目的：學習面對問題時應有的態度與方法，了解自己在
　面對問題時的想法）

(9)現在我在學習上有什麼困難需要解決？如何解決？（目的：將
　之前所學應用在解決自己的問題上）

*6.實踐活動：*思考出自己學習上的問題，並將解決的方法應用出來，
看看效果如何，可以如何再加以改進？

◉**延伸思考**（若學生能力所及，可給予其延伸性的思考問題）

*1.*在家中，你遇到問題時會和誰討論，共同合作想出辦法？為什麼？

*2.*在學校時，當別人或動物遇到困難時，你曾經找人一起幫助過他
（牠）嗎？

活動名稱(八)
勇敢去面對（社會責任）

一、活動目標

1. 透過活動建立個人對團體的責任感。
2. 從活動中領會團隊合作的意義與重要性。

二、活動的理論基礎

1. 當團體成員感受到其他人對他們嘗試改變的支持時，他們會願意冒險嘗試新的改變。
2. 阿德勒認為透過治療性的隱喻，幫助孩童對自己生活型態有所洞察，使其從了解轉變為建設性的行動，體會其在問題解決過程中所扮演的角色。
3. 本活動的階段屬於阿德勒諮商歷程的第四個主題：引導個體為自我重新定向。

三、活動對象：五到九年級學生。

四、活動人數：每組 8 至 12 人。

五、活動地點：室外空地。

六、活動器材：童軍繩數條、小鈴鐺 5、6 個。

七、活動時間：約 30 分鐘。

八、活動流程

1. **布置情境：** 領導者將數條童軍繩綁在樹幹上，形成一個不規則的蜘蛛網，每人至少有一個網洞可鑽，並在網上不同位置綁上數個鈴鐺。

2.**討論規則**：領導者告知成員穿越的規則與任務，讓團體成員相互討論如何穿越及穿越的順序，一次僅可一人穿越。

3.**協助隊員**：穿越過去者在另一端幫忙下一位即將穿越的成員。

4.**完成任務**：所有人需同心協力幫忙每位成員達成任務。

※**注意事項**

◎鈴鐺若發出聲音即是碰觸到網子，穿越者需重來。

◎一個網洞僅有一個人能穿越。

◎穿越時手不可碰觸網子，亦不可將手伸過蜘蛛網。

◎穿越時兩端的人不可移動位置至另一方幫忙，其中穿越過去的那一端僅限已穿越完成者才能幫忙。

◎所有人需分別穿越不同的網洞，才算達成任務。

5.**引導思考**

(1)當你在活動中，正要穿越網子時，你心理的感覺和想法是什麼？（目的：說出活動中的情形）

(2)當你在幫助其他成員通過網子時，你會有什麼樣的準備？（目的：讓成員了解自己為團隊可以做些什麼）

(3)每一個網洞好像是什麼？（目的：了解網洞代表的意義，可以是機會，也可能是危險）

(4)你覺得團體成員共同達成任務的成功條件是什麼？（目的：發現團隊成員每個人都勇敢的擔負起責任）

(5)生活中有哪些事情是需要大家共同承擔責任的？我小時候負責哪些部分？為什麼？（目的：找出自己在生活中擔負的責任）

(6)你認為自己還可以擔負哪些責任嗎？為什麼？（目的：發現自己可以擔負責任的事其實是很多的，過去年紀小，父母沒有要求，現在自己長大了，可以承擔更多的責任）

6.**實踐活動：**勇敢的和父母表達自己要擔負的責任，並切實執行。
　一週後討論實施的情形如何。

◉**延伸思考**（若學生能力所及，可給予其延伸性的思考問題）

1.在生活中，什麼時候需要同心協力才能完成一件事？

2.在學校或家中，什麼時候你會盡自己的力量，去幫助他人完成一件事？

3.當你很認真的幫助別人完成一件事，你覺得自己是怎樣的一個人？

活動名稱㈨

有你真好（溝通活動）

一、活動目標

1. 透過活動增進成員間的信任感。
2. 從活動中培養人際間的信任，學會信任別人，亦做個值得他人信任的人。

二、活動的理論基礎

1. 建立團體成員彼此間的信賴感，是增養同理心與認同感的要素，且團體信任的氣氛會影響著成員的情感反應。
2. 阿德勒學派認為人具有歸屬及在社會中找到一個有意義地位的強烈需求，且人不僅需要其他人，亦需要被人需要，此種需求必須在和諧信任的關係之中，才能獲得滿足。
3. 本活動屬於阿德勒諮商歷程的第二個主題：探索自我的生活型態。

三、活動對象：五到九年級學生。

四、活動人數：12 到 18 人，2 人一組。

五、活動地點：室內外空地皆宜。

六、活動器材

1. 障礙物（如：小水桶、書本、小塑膠椅、方盒、軟墊等等，大小高矮不一）。
2. 眼罩每人一份。
3. 膠帶數捆。

七、活動時間：約 40 分鐘。

八、活動流程

1. **安排情境**：領導者在活動前先以膠帶圍出約 8×10 平方公尺（大小可視情況調整），在這範圍內擺設障礙物（如圖示）。

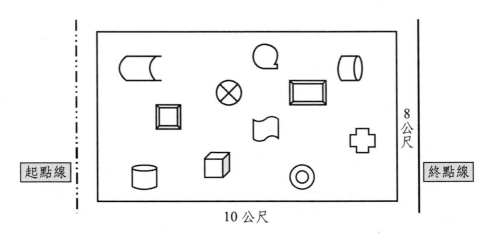

起點線　　　　　　　　　　　　　　　　　　　終點線

8公尺

10公尺

2. **說明規則**：領導者說明規則及遊戲任務，模擬在地雷區中，任務為穿越此區達到目的地，需聽從爆破專家的指示，並特別小心以免誤觸地雷。

3. **兩人一組**：成員兩人一組，一人先以眼罩矇住雙眼準備穿越，另一人為帶領者。

4. **口語指導**：帶領者只能在圈外以口語指導，不可進入圈中，亦不可以肢體碰觸被帶領者。

5. **交換角色**：達成任務後，兩人交換角色。

6. **經驗分享**：每人都嘗試過兩種角色之後，進行分享和討論。

※注意事項

◎多組可以同時進行，不強調競賽，帶領者和被帶領需確認彼此的聲音以免被其他組所干擾。

◎若觸碰到障礙物或帶領者逾越模擬的地雷區，該組就必須重來。

7.引導思考

(1)當我是帶領者時，我會做些什麼來讓對方清楚明白我的提示？（**目的：了解自己的行動會讓對方感受到信任或不信任**）

(2)當我是被帶領的人，對帶領者有什麼不同的感覺（如：害怕自己會跌倒；對帶領者的指示不清不楚感到生氣，還是對他充分的信任！）？不能靠視覺時，我要如何和帶領者溝通，才能達成任務？（**目的：感受帶領者應扮演的角色**）

(3)你們是否共同成功的達成任務？成功的原因為何？而失敗又是什麼原因？能有什麼樣的改進嗎？（**目的：發現問題時能運用方法加以改進**）

(4)當成功過關後，你想對帶領者說什麼？（**目的：學習時時懂得感恩，讚美別人是一件令人愉快的事**）

(5)生活中我最信任的人是誰？他（她）為什麼讓你這麼信任他（她）？（**目的：發現值得信任的人有什麼特質**）

(6)自己可以如何做，讓自己成為一個值得他人信任的人？（**目的：思考如何成為一個受人信賴的人**）

8.實踐活動：將思考的方法加以實踐，一週後進行討論。

◉**延伸思考**（若學生能力所及，可給予其延伸性的思考問題）

1. 在家庭中，我可以怎麼做，讓自己成為父母眼中值得信任的孩子？

2. 成為一個值得他人信任的人，對自己未來生涯發展有什麼幫助？為什麼？

活動名稱㈩

真情相對（溝通活動）

一、活動目標

1. 透過活動讓成員了解人際關係中可能出現的角色。
2. 從活動中學會主動與他人溝通並表達自己的想法。
3. 了解並積極面對自己真實我與期望我的差距。

二、活動的理論基礎

1. 當團體成員能自我覺察並體驗出他們對自己的認同是可以改變的，他們的生活目標就能重新確立。
2. 阿德勒學派認為個體的行為動力，在於從補償自卑朝向追求優越，且個體會以其主觀的知覺，來決定其優越的目標。
3. 本活動屬於阿德勒諮商歷程的第二個主題：探索自我的生活型態。

三、活動對象：五到九年級學生。

四、活動人數：每組 12 至 18 人。

五、活動地點：室內。

六、活動器材：長 15 寬 10 公分西卡紙數張（穿上細線做成可掛式的名牌）、錄音機、輕快音樂 CD。

七、活動時間：約 40 分鐘。

八、活動流程

1. **選擇角色**：領導者先讓成員抽籤決定每個人所要扮演的角色（父親、母親、哥哥、弟弟、姊姊、妹妹、老師、好朋友、同學，依人數平均分配），並讓成員掛上所扮演角色的名牌，先將背面朝

外，不讓其他人直接知道其所扮演的角色。

2. **想一句話**：領導者與每位成員坐在椅子上圍坐成一圈，柔和的音樂中讓大家想想平常對於父母、老師、兄弟姊妹、同學、好朋友等，所想說卻不敢說的一句話或想要問的一件事。

3. **角色扮演**：領導者從角色椅（與成員的椅子不同）上，漸漸來到圈外，此時從家庭的角色開始，請扮演父親的成員其中一位（自願者優先）坐在角色椅上（領導者可坐在該成員原先的位置上），並將名牌正面轉向大家，請同學開始假想坐在角色椅上的成員即是其父親，想想平常最想對他說的一句話或問的一件事。此時扮演父親的成員可以肢體語言回應或僅是認真的傾聽。

4. **輪流扮演**：領導者待大家發言完畢，再請扮演母親的角色，坐在角色椅上，如流程3.，請成員假想扮演者為他們的母親，對他說一句話或問一個問題，此時扮演母親的成員可以肢體語言回應或僅是認真的傾聽，如此依序請其他角色的成員上場，當所有角色都扮演過，視時間許可再請未扮演的成員上場。

5. **經驗分享**：領導者回到剛開始的位置，進行分享討論。

※注意事項

◎成員需對扮演者說真心話，而扮演者需專心的傾聽並給予適當的回應。

◎成員需尊重角色扮演者，不可批評或嘲笑。

6. **引導思考**

(1)活動中當你「**坐在角色椅上**」時，你有什麼感覺？而當你扮演角色椅成員的兒子、學生或兄弟姊妹等，你又有什麼感受？

（**目的：體會不同角色有不同的困擾，我們要尊重不同角色的人**）

(2)活動中當我很真心真誠地和他人談話時，別人對我的反應，讓

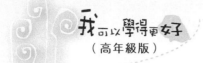
我有什麼樣的感覺？（目的：當我用不同口氣說話時，對方的反應也會有所變化，尊重別人才能獲得別人的尊重）

(3)在學校當我表現好時，老師對我有什麼反應，在家中當我做好哪些事時，父母親會稱讚我呢？而當我表現出什麼行為時，會讓別人對我產生反感、指責或批評？（目的：辨別自己各種行為會讓對方產生什麼反應）

(4)我覺得自己日常生活中最常扮演什麼角色，我喜歡嗎？討厭嗎？為什麼？我要如何做好這個角色呢？（目的：覺察自己常出現的角色行為）

(5)我應該怎樣將我的意見或想法，清楚明白的告訴其他人呢？（目的：思考如何改變自己說話的方式，學習尊重對方，讓溝通更有效）

7.**實踐活動**：將自己想出來的方法進行實踐，下週分享實踐的心得。

◉**延伸思考**（若學生能力所及，可給予其延伸性的思考問題）

1. 我希望自己現在扮演什麼角色？為什麼？
2. 我希望我自己是怎樣的一個人？現在的我應該怎樣努力才能實現我的期望呢？

活動名稱(±)

人際支援網（關懷活動）

一、活動目標

1. 透過活動讓成員發現團體中他人與自己的優點與貢獻。
2. 引導成員能真誠的接受他人的回饋並給予他人回饋。
3. 經由活動讓成員體會人與人之間相互支援幫助的重要性。

二、活動的理論基礎

1. 團體是一個動力性的有機體，透過成員間有效的溝通、互動與回饋，才能消除抗拒與焦慮，真誠的自我表露。
2. 阿德勒認為孩童在家庭、學校或同儕的情境中，都一直在尋找他有意義的位置；阿德勒學派亦主張辨認與應用自己的資源，能幫助個體克服自身的自卑感與挫折。
3. 本活動屬於阿德勒諮商歷程的第二個主題：探索自我的生活型態。

三、活動對象：五到九年級學生。

四、活動人數：每組 12 至 18 人。

五、活動地點：室內、室外空曠地皆宜。

六、活動器材：棉線球 1 個、海灘球 2 至 3 個。

七、活動時間：約 40 分鐘。

八、活動流程

1. **圍成圓圈**：領導者引導每位成員圍成一個圓圈，想想自己曾經被人幫助與助人的經驗。
2. **受助經驗**：領導者將棉線球拿給第一位自願說出自己有被幫助經

驗的成員，第一位說完自己的經驗後，同時將棉線球的一端繞在自己的一隻手上，接著再將棉線球傳給下一位想要說出有被協助經驗的成員（約有八位成員分享經驗後，領導者即將海灘球放置在棉線網上）。

3. **助人經驗**：所有人皆分享完自己被幫助的經驗時，領導者再請每個人仔細想想自己曾經幫助過哪些人，由上述最後一位分享被他人幫助經驗的成員，將棉線球傳給第一位自願說出自己助人經驗的成員，說完自己的經驗後，同時在自己的手上繞好棉線，再將棉線球傳給下一位想說出助人經驗的成員（約有六位成員分享助人經驗後，領導者再將第二顆海灘球放置在棉線網上）。

4. **積極讚美**：直到所有人皆分享完後，領導者再請成員想想要給哪些成員正面積極的鼓勵或讚美，上述最後一位分享助人經驗的成員，將棉線球傳給第一位想給予他人回饋的成員，當他說完對另一位成員積極回饋的具體事例後，繞好棉線再將棉線球傳給對方。

5. **逐一傳回**：接到球的成員時，先回應（如：謝謝他等）傳棉線球給他的人，接著找一成員對他說出具體的回饋事例，繞好棉線再將棉線球傳給他。如此反覆進行，直到無人願意再做回饋。

6. *經驗分享*：活動結束，回到團體中進行分享與討論。

※注意事項

◎分享的經驗及回饋的事項必須是具體的事例。

◎丟棉線球時，需將一端固定（可繞在指頭或手腕上），再將棉線球傳出，使自己與對方有一條棉線牽連著。

◎不論是分享經驗、給予回饋或接受回饋者，皆需真誠且專注的傾聽對方。

7. **引導思考**

(1)當你聽完他人的助人與被人幫助的經驗時，你覺得印象最深刻

的是什麼？（目的：了解每個人都受到許多人的幫助，以及自己也有能力幫助別人）

(2)活動中當你面對他人給你的讚美或鼓勵時，你有什麼樣的感覺？這種感覺曾出現在學校或家裡嗎？（目的：發現互相讚美是一件令人愉快的事）

(3)如果沙灘球代表「遇到問題的人」，那麼「棉線網」是代表著什麼？（目的：覺察生活中需要許多支持的力量，我需要他人的支持，他人也需要我的支持）

(4)你發現他人讚美自己的是哪些行為？自己平時有注意到這些特質嗎？這些特質對我未來的發展有何幫助？（目的：發現自己的優點）

(5)人和人相處時，如何讓互相關懷的力量變大？（目的：找出各種關懷他人的方法）

8.**實踐活動**：這一週努力去關懷身邊的人，並感受關懷他人產生的影響。

◉**延伸思考**（若學生能力所及，可給予其延伸性的思考問題）

1. 當你遇到問題無法自己解決時，你會怎麼辦？
2. 在你遇到困難時，你會尋求哪些人或機構的支援協助？
3. 當身邊的人需要關懷與協助時，你會怎麼做？為什麼？

活動名稱(土)

奇蛋闖天關（社會責任）

一、活動目標

1. 透過挑戰性活動培養團隊的默契與協調能力。
2. 經由活動培養對於脆弱事物的愛護及珍惜的態度。
3. 從活動中增進如何觀察問題及解決問題的能力。

二、活動的理論基礎

1. 當團體進入表現期時，成員會以團體的目標為優先考量，進而從完成整體的目標中實現個人的目標，增強個體應付問題的能力與信心。

2. 阿德勒學派認為人類的行為都是具有目的性及目標導向的，是受個體的信念與想法所影響，且個體有能力解釋、影響和創造一些事件。阿德勒心療聚焦於個體人際關係、個人的貢獻（價值感），以及自我接納的程度，而透過鼓勵（encouragement）個體知覺其自我的價值，才能有效的增強個體的能力（strengths）與資產（assets）。

3. 本活動的階段屬於阿德勒諮商歷程的第四個主題：引導個體為自我重新定向。

三、活動對象：五到九年級學生。

四、活動人數：每組4至6人。

五、活動地點：室內、外空地皆宜。

六、活動器材：（依人數而定，每組需有下列物品）

1.**障礙物設置器材**

　(1)直徑 5 公分，長 25 公分的圓形水管或紙筒每組一個。

　(2)長約 50 公分、寬約 15 至 20 公分、厚約 0.5 公分的木板每組一塊。

　(3)平面的桌子約八張（同一高度），椅子約五把。

2.**競賽用器具**

　(1)生雞蛋三顆（每組）。　　　　(6)鉛筆兩枝。

　(2)湯匙數支。　　　　　　　　(7)面紙或衛生紙一張。

　(3)樹枝兩根。　　　　　　　　(8) 20 公分細線一條。

　(4)錄音帶兩捲。　　　　　　　(9)馬錶每組一個。

　(5)信封袋一個。

七、活動時間：約 35 分鐘。

八、活動流程

1.**闖關活動：**領導者說明闖關內容如下：

　第一關為「**小奇蛋潛水**」，小奇蛋需經過寬 5 公分、長 25 公分的海底隧道，才能到第二關起點。

　第二關為「**小奇蛋馬拉松**」，小奇蛋需跑完長 80 公分的馬拉松路程，才能至第三關起點。

　第三關為「**小奇蛋自由跳傘**」，小奇蛋需從高 60 公分的巴黎鐵塔跳下來，才能抵達第四關的起點。

　第四關為「**小奇蛋飛躍萬里長城**」，小奇蛋需飛躍 50 公分寬的萬里長城，才能抵達第五關的起點。

　第五關為「**小奇蛋滑雪**」，小奇蛋要從高 90 公分的玉山主峰滑降到目的地。

2.**分組進行：**領導者依照成員人數每 4 至 6 人分為一組，並先將每一關的障礙物布置好。

3. **推派裁判**：領導者讓每組學生推派一位代表作為他組的裁判兼計時員。

4. **小組討論**：領導者先讓每組徹底觀察代表他們的小奇蛋所要闖越的障礙，並分配在每一關所需運用的人數及三樣準備的器具。

5. **遊戲開始**：由領導者吹哨音開始遊戲，各組依序設法將代表的小奇蛋，從第一關出發至第五關結束。

6. **通過與否**：最後由裁判員依其是否在時間內通過每一關（每一關的時限為 36 秒，時間內通過得 20 分，若超過時間得 0 分），到達目的地後檢查該組的小奇蛋是否破裂或中途換蛋（細微破裂扣 5 分，全破扣 10 分）。

7. **經驗分享**：活動結束後繳回競賽用的器具，並回到大團體中進行討論與分享。

※注意事項

◎活動進行時不可用手觸摸蛋及碰觸障礙物。

◎從第一關至第五關，輔助蛋闖關的器具只能選三種。

◎通過一個障礙給 20 分，蛋細微破扣 5 分，全破扣 10 分。若全破需換一顆蛋且重新計時。每組最多三顆蛋，若用完即停止闖關活動。

◎每一關的時限為 36 秒，五關的總時間為 3 分鐘。

◎領導者鼓勵每位成員至少能負責參加一關的活動（裁判兼計時員除外）。

◎若時間許可，領導者可再給各組第二次的挑戰機會，挑戰前需先檢討反思——如何做才能更快、更安全的完成任務。

◎因為蛋可能隨時破裂，故需準備一些沙子，以便於清理。

※本活動中闖關的內容可自己設計替換。

8. **引導思考**

(1)活動中遇到哪些狀況？你印象最深刻的是什麼？（目的：讓學

生自由發言）

(2)什麼時候,你覺得像小奇蛋一樣脆弱,需要他人的協助才能度過難關?（目的:回想自己什麼時候或什麼事件中也遇過困難）

(3)生活中,你和誰或和什麼團體的關係較疏遠,需要用心經營才能建立良好的關係?而你會如何經營呢?（目的:覺察自己和他人或團體互動的情形,有哪些地方是需要加以改善的）

(4)小奇蛋成功或失敗的闖關,都要和他的朋友分享,生活中你會和哪些人分享你的想法和感受呢?為什麼?（目的:每個人都會面對成功與失敗的情境,重要的是能與人分享自己的喜怒哀樂）

(5)小奇蛋每一次的嘗試都是很重要的,在嘗試中都會有所收穫。生活上有哪些事,你會很認真且有信心的完成呢?（目的:發現自己感興趣且很重視的事是什麼）

(6)生活上有哪些事是你覺得雖然重要,但是卻無法圓滿完成的呢?若你想要完成,你想如何做呢?（目的:發現自己似乎無法完成的工作有哪些,想出創新的方法或尋找支援,讓自己可以完成任務）

(7)上述事件,若你覺得重要,但卻不想完成,請問原因是什麼?（目的:發現自己不想完成任務的原因,並對自己的決定負責）

⦿**延伸思考**（若學生能力所及,可給予其延伸性的思考問題）

1. 在生活中,是否也會發生要保護脆弱物安全抵達目的地的情況?你會如何與他人合作?
2. 在學校或家中,你覺得自己要負的責任有哪些?為什麼要負這些責任?如果不負起責任,可能有哪些後果?
3. 培養負責任的習慣,對自己的生涯發展有何幫助?

附錄

全書問題分析、策略、練習一覽表

單元一　說明文摘要

問題分析	策略	練習／活動	頁數
1-1 判別文章主要概念的問題	1-1 抓重點		9
1-2 辨識說明文體結構的問題	1-2-1 辨識標示語	1-2-1 哪一個標示語最合適	12
	1-2-2 判斷句子與句子的關係	1-2-2 找出文章段落的標示語	
	1-2-3 文章結構的圖示化	1-2-3 畫出文章段落的結構圖	
1-3 組織與整合文章的重要訊息	1-3 看圖,說出或寫出文章摘要	1-3 全壘打	22

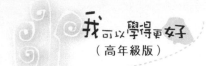
單元二　科學文章閱讀

問題分析	策略	練習／活動	頁數
2-1 舊有經驗的影響	2-1-1 由個別深度晤談了解學習者的想法或迷思概念		32
	2-1-2 以多感官經驗教學澄清迷思概念		
	2-1-3 以POE法澄清迷思概念		
	2-1-4 以概念構圖法澄清迷思概念		
2-2 無法從文章中擷取並統整出主要想法及概念	2-2-1 以歸納法找出概念	2-2-1 以歸納法找出概念	34
	2-2-2 以模擬、比喻、舉例法找出概念	2-2-2 以比喻和舉例法找出重要的「概念」	
2-3 無法從文章中找出重要概念與次要概念，並釐清之間的關係	2-3-1 找出關係詞並說明關係詞與主要概念、相關的次要概念之間的關係	2-3-1 找出關係詞並說明關係詞與主要概念、相關的次要概念之間的關係	41
	2-3-2 找出主要概念與次要概念間的關係，並試以概念卡排出概念關係圖	2-3-2 完成概念構圖	

單元三　推論理解

問題分析	策略	練習／活動	頁數
3-1 訊息太多造成閱讀理解障礙	3-1-1 教導刪去多餘的訊息		49
	3-1-2 把握生活情境，經常練習訊息的選取		
3-2 缺乏背景知識及舊經驗	3-2-1 補充背景知識		52
	3-2-2 提示舊經驗及其意義		
3-3 生字難詞造成閱讀困難	3-3-1 示範在閱讀中註記		54
	3-3-2 重讀一遍困惑的地方		
3-4 欠缺整體推論的技巧	3-4-1 練習預測技巧		56
	3-4-2 預測與佐證的合理性		
3-5 文字理解能力不如圖畫理解能力	3-5-1 選用連環圖畫輔助推論能力		60
	3-5-2 運用聽覺練習發展推論理解的能力		
	3-5-3 把文字畫出來		
3-6 缺乏猜測及預測的能力	3-6-1 自問自答放聲思考的技巧	3-6-1 想一想	61
	3-6-2 互相討論澄清疑慮		

單元四　後設認知導向的閱讀策略

問題分析	策略	練習／活動	頁數
4-1 抓不住問題主軸	4-1-1 使用策略評估表		68
	4-1-2 自我詢問		
4-2 抽象邏輯困難	4-2-1 連結策略		71
	4-2-2 分類與比較練習	4-2-2 分類與比較練習——超級市場	
4-3 無法區辨概念間的關聯性	4-3-1 聽知覺與視知覺的訓練	4-3-1 聽知覺與視知覺的訓練	74
	4-3-2 放聲思考策略	4-3-2 放聲思考練習	

單元五　後設認知的寫作策略

問題分析	策略	練習／活動	頁數
5-1 未能根據寫作題目設定寫作目標	5-1-1 引導寫作審題的發問技巧		83
	5-1-2 練習針對各種不同寫作對象、寫作任務及寫作目的書寫	5-1-2.1 寫作目標的設定——你為何而寫？	
		5-1-2.2 讀者對象的設定——你為誰而寫？	
5-2 寫作內容資料不足及缺乏產生文思的策略	5-2-1 做好寫作前的準備		87
	5-2-2 引導寫作計畫的發問技巧		
	5-2-3 增進寫作內容的組織策略	5-2-3 分歧聯想與連鎖聯想之結構表練習	
	5-2-4 提供產生文思的策略		
	5-2-5 提供寫作計畫的策略		
5-3 缺乏自我閱讀及檢查的習慣	5-3-1 培養自我閱讀及檢查的習慣		93
	5-3-2 提升讀者覺察的能力	5-3-2 讀者覺察能力的練習	
5-4 缺乏修改的策略	5-4-1 促進寫作的後設認知策略		96
	5-4-2 增進寫作的編修能力	5-4-2 寫作編修能力的練習	

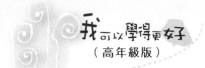
單元六　整數的數量關係

問題分析	策略	練習／活動	頁數
6-1 沒有掌握因數與倍數的概念，從過去經驗判斷解題策略	6-1-1 用適當比喻說明數的概念	6-1-1.1 比喻法：老師或家長示範用實例比喻數的概念	108
		6-1-1.2 比喻法：學生自己想出比喻說明數概念	
	6-1-2 用繪圖方式說明因數與倍數的概念	6-1-2.1 繪圖法：老師示範	
		6-1-2.2 繪圖法：學生兩兩相互練習	
	6-1-3 發現依賴過去解題策略的限制	6-1-3.1 了解學生依賴解題策略的情形	
		6-1-3.2 覺察依賴數字大小判斷解題策略的限制	
6-2 認知處理過程無法負荷，以及對較大因數不夠熟練	6-2-1 運用輔助方式降低認知處理負荷	6-2-1 練習說出自己的思考過程	120
	6-2-2 由小到大逐步找出所有因數	6-2-2 由小到大逐步找出所有因數：列舉法	
6-3 無法應用學到的數概念去解決具體情境的問題	6-3-1 用自己的話說出因數與倍數的概念	6-3-1 用自己的話說出概念：學生互相說明概念	125
	6-3-2 合作解題	6-3-2 練習合作解題	
	6-3-3 藉由擬題了解解題策略背後的意義	6-3-3.1 擬出同類型的題目	

（續下頁）

（續上頁）

		6-3-3.2 分組擬題：小組擬題並由他組算出答案	
6-4 沒有完全掌握數學律則	6-4-1 仔細了解學生的運算過程	6-4-1.1 了解學生的運算過程：學生說出計算方法	133
		6-4-1.2 了解學生的運算過程：逐條列出計算步驟	
	6-4-2 透過充分練習發現數學律則	6-4-2 充分練習交換律與分配律的題目	
6-5 無法順利進行反推思考	6-5-1 運用生活實例練習反推	6-5-1.1 運用生活實例：用自己的話說出正向意思	139
		6-5-1.2 運用生活實例：練習說出反推的意思	
	6-5-2 從不同方向思考題目意思	6-5-2.1 思考題目意思：說出題目的正向意思	
		6-5-2.2 思考題目意思：找出題目意思還可以怎樣說	
	6-5-3 進行各種認知推理遊戲		

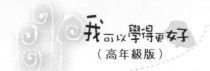
單元七　分數概念與運算

問題分析	策略	練習／活動	頁數
7-1 不理解等值分數與約分、擴分的意義	7-1-1 從單位 1 的不同分割方式認識等值分數		155
	7-1-2 在連續量的操作情境下認識等值分數	7-1-2 用圓形板拼出相等的分數量	
	7-1-3 在離散量的畫圖情境下認識等值分數	7-1-3 圈出兩種等分的方式	
	7-1-4 透過等值分數來理解擴分的意義	7-1-4 熟練擴分	
	7-1-5 透過等值分數來理解約分的意義	7-1-5 熟練約分與化簡	
	7-1-6 透過速示卡熟練找兩數的最大公因數	7-1-6 找出最大公因數	
7-2 不理解通分的意義或不熟練技能	7-2-1 以非例行性問題檢驗對通分的認識	7-2-1 怎麼比大小？	169
	7-2-2 透過速示卡熟練最小公倍數	7-2-2 找出最小公倍數	
7-3 不理解比和比值的意義	7-3-1 以日常生活的例子強化比與比值的意義	7-3-1 用比或比值來表示	173
	7-3-2 以特殊例破除同類量比值有單位的迷思		

（續下頁）

（續上頁）

	7-3-3 以特殊情境的對照來破除只有整數倍的迷思	7-3-3 比值練習	
	7-3-4 用數線圖表示母子和、母子差等類型的問題	7-3-4 以數線圖解題	
7-4 無法解決比例問題	7-4-1 簡化題目，列式後類比	7-4-1 換個容易的數字和內容	182
	7-4-2 強化基準量與比較量的概念		
	7-4-3 系統地安排比例情境出現的順序	7-4-3 比例的比較	
7-5 無法正確解決分數乘除的應用題	7-5-1 轉換題目的數值為整數，列式後類比	7-5-1 分數乘除應用題的類比練習	187
	7-5-2 釐清題目中的比值與部分量	7-5-2 區分比值和部分量	
	7-5-3 從 $\frac{1}{2}$ 倍搭配圖示說明分數乘法的計算	7-5-3 以圖示練習分數乘法解題	
	7-5-4 從包含除過程中的通分說明分數除法	7-5-4 以通分練習分數除法計算	
	7-5-5 透過比對察覺顛倒相乘只是精簡的記錄		
	7-5-6 從整數÷比值＝整數的情境說明顛倒相乘		

單元八　小數概念與運算

問題分析	策略	練習／活動	頁數
8-1 小數加減的運算問題	8-1-1 理解小數位值關係	8-1-1 小數的分解與合成練習	207
	8-1-2 利用定位板運算	8-1-2 利用定位板運算練習	
	8-1-3 說明小數加減直式算則的原則		
	8-1-4 熟悉小數加減直式運算及練習改寫橫式算則為直式算則並計算	8-1-4.1 小數加減直式運算判斷	
		8-1-4.2 改寫小數加減橫式算則為直式算則並計算	
8-2 小數乘法的運算問題	8-2-1 利用小數位值關係及其分解與合成進行小數乘法運算	8-2-1.1 小數點的位移及整數的純小數倍練習	215
		8-2-1.2 小數乘法估算練習	
		8-2-1.3 利用小數位值關係及其分解與合成進行小數乘法運算練習	
	8-2-2 小數乘法運算放大縮小原則		
	8-2-3 說明小數乘法直式運算的原則	8-2-3 點小數點練習	
	8-2-4 理解小數被乘數、乘數與積的關係	8-2-4 判斷小數被乘數、乘數與積的關係	

（續下頁）

（續上頁）

8-3 小數除法的運算問題	8-3-1 簡化小數除法運算	8-3-1 簡化小數除法運算練習	224
	8-3-2 利用定位板運算	8-3-2 利用定位板運算練習	
	8-3-3 說明小數除法直式運算的原則		
	8-3-4 熟悉小數除法直式運算及練習改寫除法橫式算則為直式算則並計算	8-3-4.1 小數除法直式運算判斷練習	
		8-3-4.2 改寫小數除法橫式算則為直式算則並計算練習	
	8-3-5 理解小數被除數、除數和商的關係	8-3-5 判斷小數被除數、除數和商的關係	

單元九 學習動機與輔導

問題分析	策略	練習／活動	頁數
9-1 為維護自尊，對自己的失敗預先找藉口	9-1-1 幫助累積成功的經驗		243
	9-1-2 降低學生對失敗的恐懼感		
	9-1-3 多給予表現的機會		
9-2 自信心不足，希望獲得別人的認同與肯定	9-2-1 允許學生用自己喜歡的方式來呈現自己的學習成果		244
	9-2-2 與老師共同訂定學習契約		
	9-2-3 幫助學生自己肯定，欣賞別人		
	9-2-4 幫助學生對自己正向的思考	9-2-4.1 分辨正向或負向的話	
		9-2-4.2 練習正向思考及語言	
		9-2-4.3 自我覺察及修正負向語言	
9-3 採用不當的策略，逃避表現	9-3-1 了解學習上的困難與問題		249
	9-3-2 提供練習機會，幫助達到精熟學習		

（續下頁）

（續上頁）

	9-3-3 運用遊戲方式鼓勵表現		
	9-3-4 協助改變個人的目標導向		
	9-3-5 教導可以幫助成功學習的學習策略		
9-4 延誤作業，受同學排擠	9-4-1 了解為何延誤作業		251
	9-4-2 幫助停止拖延	9-4-2 練習掌握時間	
	9-4-3 對於如何完成作業，提供明確的提示或指引		
9-5 老師誤認只要肯定學生的認真就可促進學生學習成效	9-5-1 了解學生對教師期望的解讀，必要時調整教師期望，並讓學生了解教師真正的期望		253
	9-5-2 提供有助於學習成效的獎賞		
	9-5-3 依據進步點數給予獎勵		
9-6 大偉個人主義過強，力求表現，忽視其他人的想法與感受	9-6-1 把全組參與表現的情形納入記分中		256
	9-6-2 鼓勵幫助他人學習之行為		
	9-6-3 指派擔任小老師，指導其他同學學習		

（續下頁）

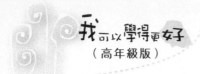

（續上頁）

9-7 大偉不懂得接納別人的意見	9-7 學習容忍異己的精神		257
9-8 大偉缺乏與人合作的態度與精神	9-8 協助建立合作、分享的態度		257
9-9 老師的活動過於強調結果及速度競賽	9-9-1 改變小組討論內容		258
	9-9-2 強調全組成員均要精熟學習		
	9-9-3 運用拼圖式學習法		

314

單元十　體驗活動與輔導

使用時機	目的	活動名稱	頁數
團體初期	建立團體凝聚力	㈠我的最愛（暖身活動）	263
		㈡好友與我（凝聚活動）	266
		㈢大樹的叮嚀（凝聚活動）	269
團體中期	學習面對問題做最好的處理	㈣握緊我的手（信任活動）	272
		㈤一起來拍照（溝通活動）	275
		㈥打掃的樂趣（合作活動）	278
		㈦我該怎麼辦（問題解決）	281
		㈧勇敢去面對（社會責任）	284
		㈨有你真好（溝通活動）	287
團體後期	將所學落實在生活中	㈩真情相對（溝通活動）	290
		㈪人際支援網（關懷活動）	293
		㈫奇蛋闖天關（社會責任）	296

 索引

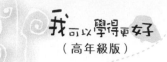

十劃

十一劃

十二劃

十三劃

十四劃

十五劃

十八劃

十九劃

二十二劃

國家圖書館出版品預行編目（CIP）資料

我可以學得更好：學習診斷與輔導手冊【高年級版】
／台灣心理學會 教育心理學組合著. --初版--
臺北市：心理, 2008.04
　面；　公分.--（教育現場系列；41122）
含參考書目
ISBN 978-986-191-114-4（平裝）

1. 學習輔導　　2. 學習心理學

527.44　　　　　　　　　　　　　97001738

教育現場系列 41122

我可以學得更好：學習診斷與輔導手冊
【高年級版】

作　　　者：台灣心理學會 教育心理學組
執行編輯：陳文玲
總 編 輯：林敬堯
發 行 人：洪有義
出 版 者：心理出版社股份有限公司
地　　　址：231026 新北市新店區光明街 288 號 7 樓
電　　　話：(02) 29150566
傳　　　真：(02) 29152928
郵撥帳號：19293172　心理出版社股份有限公司
網　　　址：https://www.psy.com.tw
電子信箱：psychoco@ms15.hinet.net
排 版 者：臻圓打字印刷有限公司
印 刷 者：正恆實業有限公司
初版一刷：2008 年 4 月
初版七刷：2022 年 9 月
I S B N：978-986-191-114-4
定　　　價：新台幣 380 元